HEYNE ‹

AF185537

Florian Langenscheidt

Das kleine
Wörterbuch
für
Optimist*innen

Wilhelm Heyne Verlag
München

Penguin Random House Verlagsgruppe FSC® N001967

Taschenbucherstausgabe 07/2021

Copyright © 2008 by Wilhelm Heyne Verlag, München,
in der Penguin Random House Verlagsgruppe GmbH,
Neumarkter Straße 28, 81673 München
Aktualisierte und erweiterte Neuausgabe.
Die Originalausgabe erschien unter dem Titel
»Wörterbuch des Optimisten«.
Redaktion: Kerstin Jäger und Evelyn Boos-Körner
Umschlagbilder und Innenillustrationen: Inka Hagen
Umschlaggestaltung: Hauptmann & Kompanie
Werbeagentur, Zürich
Satz: Leingärtner, Nabburg
Druck: PB Tisk, a.s., Pribram
Printed in Czech Republic
ISBN: 978-3-453-60582-4

www.heyne.de

Vorwort

Welten liegen zwischen einem Spaziergang bei blauem Himmel und Sonnenschein und einem bei trübem Wetter und Regen, oder? Obwohl die Umgebung – sei es Wald oder Straße – die gleiche ist. Optimist*innen haben gutes Wetter bei ihrem Gang durchs Leben, Pessimist*innen schlechtes.

Wir alle haben die Wahl. Wir können uns lebenslang fokussieren auf Misserfolg und Enttäuschung, Hunger und Krieg, Krankheit und Unfall und uns dadurch gleich noch den Genuss an den zweifelsohne vorhandenen Schönheiten und Glücksmomenten verderben lassen. Oder wir können uns freuen an den Momenten des Lichtes und Gelingens – und daraus Energie ziehen für den Kampf gegen all das, was zweifelsohne im Argen liegt und verbessert werden muss. Kein vernünftiger Optimist behauptet, die Welt sei ideal, wie sie ist. Aber er genießt das Genießenswerte und engagiert sich mit Kraft und Hoffnung für eine bessere Welt. »The optimist sees the bagel, the pessimist the hole«, sagt man im angelsächsischen Raum.

Das in Ihren Händen liegende Buch ist ein leidenschaftliches Plädoyer für die Lebenseinstellung der Optimist*innen. Es wird Sie in 77 Stichworten begleiten zu einer optimistischeren Grundhaltung. Die Skeptiker*innen unter Ihnen werden fragen: Lässt sich Optimismus denn lernen? Steckt unsere Grundeinstellung nicht in unseren Genen? Nein, es ist erwiesen, dass sich Zuversicht und Selbstvertrauen in gewissem Maße erlernen lassen. Mit dem Vorbild, das die Eltern geben, geht es los; mit einer Schule, die mehr auf die Stärken der Schüler als auf den pausenlosen Einsatz des Rotstiftes setzt, geht es weiter; und das ganze Leben lang kann man an sich arbeiten, um grundsätzlich erst mal Gutes in der Welt und den Mitmenschen zu sehen. Natürlich geht es nicht ganz ohne Pessimismus, denn negative Gefühle und Furcht können lebensrettend sein, wenn Gefahr droht. Aber wie traurig, wenn Pessimismus zum Leitmotiv des Lebens wird.

Wie viele Chancen gehen verloren, wie viele Türen und Fenster schließen sich!

Dieses Buch ist das erste Wörterbuch für Optimist*innen. Warum ein Wörterbuch? Das mag daran liegen, dass meine Familie mehr als 150 Jahre lang Wörterbücher verlegt hat. Aber woher der Optimismus? Auch das mag an familiärer Prägung liegen, denke ich doch nur an meinen Vater, wie er pfeifend und frohgemut die Treppen zu Hause oder im Verlag hochstürmte. Wohl jeder meiner Freunde würde bestätigen, dass es schwer werden wird, einen optimistischeren Menschen als mich zu finden. Über diese persönliche Grundeinstellung hinaus interessierte mich das ganze Leben schon auch die philosophische und psychologische Grundlage des Optimismus, was während des Philosophiestudiums sogar zur Gründung des Instituts für angewandte Glücksforschung führte. Kein Zufall war es dann wohl, dass ich von der Harvard University aufgefordert wurde, eine Grundsatzrede über Glück und Optimismus an die dortigen Student*innen zu richten. Alles Weitere zu mir und all meinen

Aktivitäten, die mich zu Optimismus veranlassen, findet sich
unter www.florian-langenscheidt.de.

Da ich in allem Glücksempfinden von den Menschen um
mich herum abhänge, hier ein ganz, ganz herzlicher Dank an
meine Familie, an all jene, die mir Inspiration zu diesem Buch
gaben, und an Andrea Bury für zwei Gastbeiträge. Danke auch
für vielfältige Ideen bei der groß angelegten Brainparty mit Hun-
derten von Jugendlichen, welche die Brainstore AG zum Thema
Optimismus für mich veranstaltete. Und kein Buch kann erfolgreich sein ohne einen engagierten, kompetenten und professionel-
len Verlag: deshalb ein tief empfundener Dank an Heike Plauert,
Friederike Achter, Claudia Limmer und Ute Bierwisch vom
Heyne Verlag. Eine schönere verlegerische Heimat kann ich mir
nicht vorstellen.

Viel Spaß bei der Inspiration und beim Lesen! Und vergessen
Sie nie: Die wohl größte Höhe, aus der je ein Mensch mit gutem
Ausgang abstürzte, waren 6700 Meter. Der russische Pilot Ivan
Chisov fiel im 2. Weltkrieg, nachdem sein Flugzeug abgeschos-
sen war, in eine verschneite Schlucht. Sein Sturz wurde weich
abgefedert, und er überlebte.

A

Altern

Eigenartig, ein Wörterbuch für Optimist*innen mit dem Stichwort »Altern« zu beginnen, oder? Sehen Sie es so: Das ist wahrer Optimismus! Denn nirgends sonst pflegt Optimismus so stark zu schwächeln wie angesichts des Alterungsprozesses, dem wir alle unterliegen. Und auch angesichts der Endlichkeit unserer Existenz. Wo soll da Hoffnung liegen, wo doch alles unabänderlich ist, fragen sich selbst Menschen, die sonst eher optimistisch gestimmt sind.

Der negative Blick aufs Altern ist naheliegend. Man kann verzweifeln an Verfall, Krankheit, Perspektivlosigkeit, Leistungsminderung und Gedächtnisschwund. Wilhelm Genazino etwa lässt seinen alternden Antihelden in »Die Liebesblödigkeit« sinnieren: »Wer altert, wird unbemerkt aus der Kurve getragen.« Still und leise werde er von seinen Erlebnissen verlassen. Ihn tröste es nur manchmal ein wenig, das öffentliche Altern von Nachrichtensprecherinnen und Schlagersängern zu beobachten. Max Frisch spricht in »Homo Faber« vom Vakuum zwischen den Lenden und lässt Hanna resigniert feststellen: »Das Leben geht mit den Kindern.«

Fragt man Menschen in Fußgängerzonen, welches ihr Idealalter sei, kommt immer wieder 23 heraus. Und in unserer Selbstwahrnehmung scheinen wir bei 35 Jahren stehen zu bleiben: So sehen wir uns auch noch, wenn wir schon 53 sind.

Was hat Optimismus da für eine Chance? Eine große, lebenslange!

Zählen wir nicht die Atemzüge, sondern die Momente, die uns den Atem nehmen.

Freuen wir uns an den Zyklen des Lebens – wie unsere Kinder erwachsen werden und wieder neue Kinder in die Welt setzen, deren Reifung sie begleiten werden; oder wie sie langsam in vielen Lebensbereichen stärker und besser werden als wir selbst und wir nicht beleidigt sind, sondern stolz.

Genießen wir es, nicht mehr jeden Mist mitmachen zu müssen, sondern eine Gelassenheit zu entwickeln, die einfach guttut. Mit welchem Satz warb eine führende Frauenzeitschrift? »Ab 40 baut man ab – Freizeitstress und Termindruck.«

Seien wir dankbar für die Weisheit, die sich einstellt, und all die Gelegenheiten, bei denen wir Jüngeren Rat geben können.

Nehmen wir wahr, wie privilegiert wir gegenüber früheren Generationen sind! Keine Kriegsverletzungen, gute Ernährung, medizinischer Fortschritt …

Wir brauchen nicht den Klassiker jeder Runden-Geburtstags-Rede zu bemühen – das mit dem Wein, der mit dem Alter immer besser wird. Nein, schauen wir Wohnungen an. Warum denn wollen alle Altbau, mit Charme und Patina und Geschichte?

Natürlich ist Sex mit das Beste im Leben, aber hat es nicht auch Vorteile, sich ein wenig vom Sexualtrieb zu befreien? Und verlieben können wir uns in jedem Alter!

Hören wir einander zu – all den Geschichten, die wir uns erzählen können! Und wenn das Gedächtnis nicht mehr ganz so verlässlich ist, was soll's! Dann füllen wir die Lücken eben aus und sehen Erinnern als einen produktiven Prozess. Manches zu vergessen ist durchaus heilsam.

Schlagen wir das Problem der Alterseinsamkeit durch neue Wohnformen zwischen Alt und Jung oder chaotische Alters-WGs!

Verklären wir bitte nicht die früheren Lebensphasen von Pubertät über den Berufseinstieg bis zum ersten Kind! In jeder haben wir ein Packerl Sorgen zu tragen! Und laut mancher Studie sind Menschen über 60 zufriedener und ausgeglichener als jüngere …

Kosten wir es aus, dass wir uns als Großeltern nicht mehr mit Schulproblemen und Kleinkinderinfekten herumschlagen müssen! Machen wir aus der begrenzten Zeit, die uns mit den Enkeln vergönnt ist, unvergessliche Momente für beide Seiten voller Liebe und Geduld und Verwöhnung!

Kultivieren wir eine gewisse Dankbarkeit für alles, was wir erleben durften. Das verhindert Verbitterung und hilft bei Rückzug und Abtritt …

Der andere Klassiker bei Reden zum 50., 60. oder 70. Geburtstag ist die Frage, was schlimmer sei, als 50, 60 oder 70 zu werden. Natürlich es nicht zu werden! Da steckt viel Wahres drin. Wer will denn – aus Angst vor dem Alter – jung sterben? Und wäre es wie im Märchen, bei welchem Alter bitte wollten wir denn stehen bleiben bis zum Ende unserer Tage? Und wenn es eher die Tatsache ist, dass die Strecke vor uns immer kürzer wird, die uns das Altern hassen lässt: Wie alt würden wir denn werden wollen, wenn wir es durch das Drehen an einem Ring auswählen könnten? (Hierzu zwar pessimistisch, aber dafür umso erfahrener und brillanter Hellmuth Karasek in seinem Buch »Süßer Vogel Jugend oder Der Abend wirft längere Schatten«.)

Jede Lebensphase bietet Grund zu Optimismus. Im Alter zugegebenermaßen sind die Optimist*innen am meisten gefordert. Hier müssen sie sich wirklich bewähren gegen unendlich viele Widerstände. Daher erkennt man in der Auseinandersetzung mit dem Alter den wirklichen Menschen. »Altern ist nichts für Feiglinge«, besagt eine amerikanische Redewendung. Der Auftritt auf die Bühne des Lebens und der Abgang von ihr werden uns nicht leicht gemacht. Das können wir nicht ändern – genauso wenig wie die Tatsache, dass Sie beim Lesen dieses Textes wieder ein wenig gealtert sind. Aber wir können entscheiden, wie wir damit umgehen. Ob wir leiden oder lächeln. Ob wir ein Licht anzünden oder über Dunkelheit klagen.

Anteilnahme

Wenn ein Baby tot im Eisschrank einer Sozialbauwohnung aufgefunden wird, blutet unser Herz. Wenn ein Mädchen in einem Waldstück vergewaltigt wird, schreit alles in uns auf. Wenn Kinder durch Landminen zerfetzt werden, zieht sich unser Magen zusammen vor ohnmächtiger Wut.

Die Medien leben davon. Der Mensch aber auch. Wir sind Teil eines fein gewobenen Netzes, das uns verbindet und hält. Einer Textur, deren Fäden unterschiedlicher nicht sein könnten, die aber über sechs Milliarden Aufrechtgeher unsichtbar miteinander verknüpft.

Ohne dieses Netz wäre jeder von uns ausgesetzt in kaltem Raum und öder Zeit, ohne Spiritualität, ohne Nähe, ohne Wärme. Reines Überleben, ohne Sinn. Jeder würde sich durchbeißen, Tage und Jahre abreißen vom Kalender des Lebens, ohne zu wissen, warum.

Mit diesem Netz indes leiden wir mit, wenn es einem oder vielen von uns schlecht geht, und jubeln innerlich, wenn einem etwas gelingt. Wir zittern mit beim Sport, auch wenn uns Erfolg oder Misserfolg eigentlich herzlich egal sein könnten. Wir beobachten neue und alte Liebe, Kampf und Eifersucht, Straucheln und Triumph – und spüren, dass im Leben des anderen auch das unsere gelebt wird. Leben und fiebern mit, als läge unser Schicksal auf dem Block.

Und wenn jemand aus der großen und schnell wachsenden Gemeinschaft der Menschen auf unserem Globus leidet, dürstet, hungert oder Opfer von Unfall oder Gewalt wird, will alles in uns helfen. Will unterstützen und retten. Und geht das nicht, leiden wir zumindest mit oder darunter, dass wir nichts tun können. Auch wenn die Betroffenen noch so fern sind.

Je konkreter allerdings das Leid, desto größer die Anteilnahme. Weil wir uns selbst, die wir ja jeder ein Einzelner sind, besser wiedererkennen.

Was das weltumspannende Netz der Anteilnahme noch schöner macht: Es bezieht auch die Natur mit ein. Wenn der Eisbär durch die globale Erwärmung in seiner Existenz gefährdet wird, wacht auch der tumbeste Erdenbürger auf.

Dass nicht jeder gegen jeden kämpft, sondern zumindest auch Anteil nimmt am Leben des anderen, ist schönster und menschlichster Grund für Optimismus. Gemeinsam – und nur gemeinsam – schaffen wir das Leben. Umwelt- und Naturkatastrophen, Hunger, Krankheiten – sie sind nur so zu ertragen oder zu bewältigen. Ohne Anteilnahme würde das Licht ausgehen in der Welt.

Begeisterungsfähigkeit

Wer liebt es nicht, wenn Kinder fast ausflippen vor Begeisterung und Vorfreude? Wenn sie ein Geschenk auspacken oder vor der verschlossenen Weihnachtszimmertür sitzen, wenn sie Wiener Würstchen mit Kartoffelsalat bekommen oder den Sandstrand am ersten Ferientag erblicken, wenn sie die Tage bis zum Geburtstag zählen oder zum 17. Mal das Gespenst hinter dem Vorhang spielen. Begeisterung ist eine Liebeserklärung ans Leben. Sie dankt euphorisch und mit leuchtenden Augen dafür, dass wir leben und so viel erleben dürfen. Wer sie nicht hat, dem fehlt das Feuer. Und wer das Kind in sich zum Schweigen bringt, geht freiwillig ins dunkle Haus, wenn draußen die Sonne scheint.

Bewegung und Sport

»Mensch, gleich komme ich bestimmt ins Schwärmen. Ich laufe der Sonne entgegen, vor allem aber dem Mistral. Er fasst in die Haare, er drückt gegen den Körper, er leckt meinen Schweiß und macht mir Mühe. Aber es ist grandios, diesen Wind zu spüren, wie er den Körper traktiert und ihm zugleich schmeichelt.

Der Strand ist ziemlich einsam. Da küssen sich zwei. Sie stehen bis zum Hintern im Meer. Dort tollt eine fröhliche Mutter mit ihrem Baby, und ihr Hund huscht hin und her. Und da kommt aus der gleißenden Sonne ein Läufer, er läuft in meine Bahn. Wir lächeln uns an. Auch er hat seinen Spaß.« (Ulrich Pramann, in: *Laufen. Kleine Philosophie der Passionen*)

Na, sicherlich ist er etwas pathetisch, der Ulrich Pramann. Aber zu Recht. Denn das kennt jeder, der läuft oder Rad fährt, schwimmt oder wandert, golft oder windsurft. Diese großartigen, scheinbar aus dem Nichts kommenden Glücksgefühle, den Rausch oder den Flow. Sie mögen von Hormonausschüttungen kommen oder vom schnellen Verbrennen der Fettzellen im Hirn, die sonst die kreativitätsfördernde Verbindung der Synapsen miteinander verhindern, jedenfalls sind sie da und helfen dem Optimismus auf die Beine. »Mensch, beweg dich!« heißt ein Bestseller des Sportarztes Hans-Wilhelm Müller-Wohlfahrt – und dahinter steht ein ganzes Programm zur positiven Grundeinstellung dem eigenen Körper und dem Leben gegenüber. Jeder, der mal lang im Krankenhaus lag, kennt die Bedeutung von Bewegung für das Wohlbefinden. Jeder Trauernde weiß, wie wichtig nach dem Einschließen in das Haus der Tränen der Weg raus vor die Tür ist.

»Der Funke des Lebens ist nicht Nützlichkeit. Nicht Luxus. Er ist Bewegung. Farbe. Liebe.« (Mark Helprin)

Bewegung führt zu Beweglichkeit, körperlich wie geistig. Und auch die ist wichtig für Optimismus, denn starres Festhalten an alten Konzepten ist nicht vereinbar mit erfolgreichem Agieren in dieser Welt.

Hören wir noch ein wenig Ulrich Pramann zu, beim Lauf in Südfrankreich.

»Wirklich, ich fliege fast. Ich fühle mich schwerelos. Schwebe ich? Raumgreifende Schritte katapultieren mich über den Sand. Mein Atem geht ganz gleichmäßig, es läuft wie von selbst. Sicher lächle ich vor Glück. Wie stark ich mich fühle, wie leicht, wie elastisch und frisch. (...)

Ja, deshalb laufe ich so gerne. Weil ich beim Laufen zu mir finde. Weil der Weg das Ziel ist. Weil mich Laufen gelassener macht. Weil ich mich zwar ab und zu mal verlaufe, aber nicht mehr so leicht verrenne.«

Bildung

Wenn eine Fee wie im Märchen drei Wünsche gewähren würde, um der Welt mehr Hoffnung zu schenken, welchen würde man sicher wählen? Mehr Bildung. Ohne den Kampf für Bildung ist Optimismus nicht denkbar auf dieser Welt. Bildung öffnet ungeahnte Perspektiven für jeden einzelnen Menschen und Horizonte für alle. Wir brauchen sie als Handwerkszeug zur Bewältigung des Alltags, als Rückgrat für ein würdiges Leben und als Ideenspender bei der Arbeit an einer besseren Welt (→ Engagement). Ohne unsere Geschichte zu kennen, ohne den Stand der Wissenschaften im Kopf zu haben, ohne die großen Kunstwerke und das Denken der Philosophen verinnerlicht zu haben, ist es schwer, sich selbst einzuordnen und auf dieser Grundlage Wege in eine produktive und schöne Zukunft zu entwickeln.

Bildung versteht sich in diesem Zusammenhang natürlich nicht nur als Formalbildung. Es geht um Charakter- und Herzensbildung, um Respekt und Menschlichkeit, um Würde und Moral. Gefordert sind daher nicht nur Kindergärten, Schulen und Universitäten, sondern wir alle, wann immer wir mit jüngeren Menschen zu tun haben – als Eltern oder Journalisten, als Ausbilder oder Chefs, als Paten oder Politiker. Und in einer Welt, die sich schnell und immer schneller verändert, sind Bildungsabschlüsse nur Stufen. Bildung ist ein Prozess, der jeden von uns lebenslang fordert. Das Lernen hört nie auf, wenn die Halbwertszeit des Wissens kürzer und kürzer wird.

Charakter

Ex-Kanzler Helmut Schmidt bestand seine Feuertaufe während der Sturmflut in Hamburg. Er wurde zum Ausnahmecharakter deutscher Politik. Folgerichtig sagt er: »In der Krise beweist sich der Charakter.« Wir alle haben viele Charaktereigenschaften, ererbte und erworbene, gute und schlechte. Um die geht es hier weniger. Vielmehr um die Bedeutungsebene, die sich in Begriffen wie Charakterkopf oder Charakterdarsteller zeigt. Es geht um Unbeugsamkeit und Stärke, um Unabhängigkeit und Moral. John F. Kennedy sagte, moralischer Mut sei mit bestimmten Charakterzügen verbunden: Anstand, sittlicher Ernst, ein festes Gefühl für das Grundsätzliche, Aufrichtigkeit und Entschlusskraft. Und Alejandro Casona ergänzt kurz: »Bäume sterben aufrecht.«

Sicherlich ist nicht jeder charakterfeste Mensch Optimist*in, aber um Optimist*in zu sein in einem tieferen Sinne, als ständig zu lächeln und sich die Welt schönzureden, braucht es Charakter. Zu schnell ließe man sich sonst in seinen optimistischen Visionen für eine bessere Welt von Mittelmaß und Gleichgültigkeit entmutigen. Der Kampf für eine menschlichere Welt (→ Engagement) erfordert charakterliche Stärke. Und noch ein Ex-Staatchef, in diesem Fall Bill Clinton: »Charakter ist eine Reise, kein Bestimmungsort.«

Corona und andere Katastrophen

»Wer innerlich weint, sollte nach außen besser lachen. Es bringt ja nichts, in einem See aus Tränen zu ertrinken.« Wer das schrieb, hat die Hölle mit eigenen Augen gesehen. Er war der Chefankläger bei den Nürnberger Prozessen, Benjamin Ferencz. Schlimmeres als das, was er bei seiner Konfrontation mit dem Holocaust sah, ist kaum vorstellbar.

Das Leben dieses über 100 Jahre alten Mannes, der sich unermüdlich für eine menschenwürdigere Welt einsetzt und trotz aller Schreckenserfahrungen sein Lachen und seine Fähigkeit zu Glück und Dankbarkeit behielt, ist eine Blaupause für Optimismus. Aus Verzweiflung darüber, wozu Menschen fähig sind, wuchs Kraft zum Kampf gegen das Böse.

Unser aller Leben ist wie die so zerbrechliche Welt, in der wir uns aufhalten dürfen: Große Teile liegen im Dunkeln und große andere im Licht. Und alles ist ständig in Bewegung. Das ist so, wie es ist. Wir sind nicht mehr im Paradies (und wollen es zumeist auch nicht sein). Glück gibt es nur im Doppelpack – mit Unglück.

Alles ist geprägt von dieser Dualität. Nichts ist nur gut.

Die große Entscheidung, die jeder für sich treffen muss, zieht sich durch unser gesamtes Leben: Will ich auf der Seite des Lichts stehen und gegen das Dunkel kämpfen? Oder darüber verzweifeln und zerbrechen? Sinnerfahrung, Tiefe, Stärke und Wachstum gibt es auf der Seite derer, die an Fortschritt glauben, auch wenn er noch so schwer zu erringen ist. Die das Dunkel nicht einfach hinnehmen wollen.

»Hoffnung ist eben nicht Optimismus. Sie ist nicht die Überzeugung, dass etwas gut ausgeht, sondern die Gewissheit, dass etwas Sinn hat – ohne Rücksicht darauf, wie es ausgeht«, sagte der tschechische Menschenrechtler Václav Havel.

Die dunkle Seite der Welt ist übervoll (→ Krise, → Trotzdem glücklich). Und ständig kommen neue Krisen und Herausforderungen hinzu, das Jahr 2020 brachte uns die Coronapandemie: Leichenhaufen neben Krankenhäusern. Nächtelang glauben, man müsse ersticken. Nach 66 Jahren Ehe nicht mehr zusammen sein dürfen. Einsam sterben. Gewalt erleiden in der kleinen Wohnung. Angst, Hunger, Massenarbeitslosigkeit. Wir verfolgen mit offenem Mund einen apokalyptischen Thriller, können uns aber nicht auf dem Sofa einkuscheln, sondern sind selbst die Darsteller*innen.

Hat Optimismus da eine Chance? Und wie! Nicht nur, weil menschliche Innovationskraft Impfstoffe und Therapien erschafft. Sondern auch, weil die aufgezwungenen Lebensweisen uns kluge Fragen stellen: Was und wer ist wirklich wichtig in unserem Leben? Sind Entschleunigung und Konzentration auf die Liebsten nicht wahrer Fortschritt in einer sich immer schneller drehenden und dabei zugrunde gehenden Welt? Wären wir zu solchen Gedanken und Schritten auch ohne die große Krise fähig gewesen? Ist sie nicht ein Angebot zum (Zusammen-)Wachsen?

Alles wird auf den Prüfstand gestellt. Und wie gut wir das bewältigen, wird die Grundlage für ein wahres Reifezeugnis. Nicht für Fachwissen, sondern für Werthaltungen und Verhaltensweisen. Wir sind gefordert wie selten. Und stellen leise fest, was für eine Bewährungsprobe uns das Leben hier stellt.

Wirklicher Grund zu Optimismus wäre, wenn wir einiges des Gelernten in den neuen Alltag retten würden. Etwa die Anteilnahme, das Mitleid, die helfende Hand. Oder den klugen Gebrauch des Netzes der Netze, den Respekt vor der Natur, die Orientierung nach innen.

Kriege, Cholera, Corona & Co. sind weiß Gott die Manifestation der dunklen Seite unserer Existenz. Aber sie schaffen Raum für Neues, lassen uns alles überdenken und kreieren neue Wahrheiten. Aus der Pesterfahrung erwuchs die Renaissance.

D

Dankbarkeit

Den Nobelpreis für Frieden an den, der den Menschen das Danken beibrachte!

Wie schrecklich klingt es immer wieder, wenn Eltern ihre Kinder fragen: »Und wie heißt das Zauberwort?« Aber wie elementar wichtig ist die dahinterstehende Einstellung!

Wir können nicht ohneeinander. Wir brauchen uns gegenseitig. Die Alten die Jungen, die Jungen die Alten. Die Eltern die Kinder, die Kinder die Eltern.

Wir brauchen Rat, Unterstützung, Kritik, Hilfe, Versorgung, Pflege. Wir brauchen ein Lächeln oder ein Schulterklopfen.

So selbstverständlich all diese Zuwendung ist, so ist sie es wiederum auch nicht. Und genau das feiert das Prinzip Dank. Nimmt sie nicht als gegeben, sondern würdigt sie. Baut ihr eine Bühne.

Das Schönste daran: Danken kostet nichts. Freut aber umso mehr.

Den sprachlichen Ausdruck dafür gibt es in jeder Sprache. Wie er verwendet wird, sagt viel aus über eine Persönlichkeit. Das merkt man bei jeder Preisverleihung, ob Oscar oder Bambi. In einer Minute Danksagung verscherzt sich mancher Star jahrelang aufgebaute Sympathie, weil er mehr sich selbst lobt als den zu Dankenden. Und ein anderer rührt zu Tränen, weil ihm selbst welche über die Wange laufen.

Jede*r Optimist*in weiß, warum Danken so wichtig ist. Ging der medizinische Check-up, vor dem er sich so fürchtete, gut aus, steckt er dem Obdachlosen an der nächsten Ecke 50 Euro zu. Einfach so, als kleinen Dank ans Schicksal und als Versuch, ein wenig vom eigenen Glück an den abzugeben, der es so dringend braucht. Und würde man nur lang genug hinter Baumstämmen ausharren, könnte man manche*n Optimist*in beim einsamen Waldlauf laut »Danke« in den Himmel rufen hören, weil er irgendjemandem gegenüber zum Ausdruck bringen möchte, wie er sich über seine Gesundheit freut.

E

Einstellung

Optimismus ist das bunte Korallenriff inmitten des Toten Meeres, die palmenübersäte Oase inmitten der Sahara.

Er mag manchmal oberflächlich und unrealistisch wirken, ist aber lebens- und überlebensnotwendig.

Ein wenig Optimismus zumindest hat jeder von uns: Wir leben, obwohl wir wissen, dass wir sterben werden. Wir arbeiten an uns und geben unser Bestes, obwohl das Ich, das wir herausbilden, ein endliches ist.

»Wenn ich wüsste, dass morgen die Welt unterginge, würde ich heute noch ein Apfelbäumchen pflanzen.« Martin Luthers berühmter Satz umreißt diese Grundeinstellung auf das Schönste.

Es ist wie beim Fotografieren: Mit falschen Einstellungen kann ich das vollkommenste Motiv ruinieren. Und die meisten Menschen bemühen sich um eine schöne Sicht auf die Dinge, wenn sie fotografieren. Man motiviert die Fotografierten zum Lachen, man komponiert schöne Bildausschnitte, fotografiert lieber das Naturwunder als die Müllhalde.

Damit soll das Negative in der Welt weiß Gott nicht verdrängt oder verleugnet werden. Nur bringt es niemanden weiter, sich primär darauf zu fokussieren. Entweder ist es nicht zu ändern oder wir haben Chancen zur Verbesserung – aber dann sind die Optimist*innen sicherlich diejenigen mit der größeren Energie und Hoffnung. Denn um die Welt zu ändern, brauche ich viel Zuversicht, dass das geht. Optimismus eben.

Es war Willy Brandt, dem wir den Kniefall in Warschau und die Entspannungspolitik verdanken, der anmerkte: »Zur Summe meines Lebens gehört im Übrigen, dass es Ausweglosigkeit nicht gibt.«

Und Immanuel Kant notierte lange davor: »Der Himmel hat den Menschen als Gegengewicht zu den vielen Mühseligkeiten des Lebens drei Dinge gegeben: die Hoffnung, den Schlaf und das Lachen.«

Manche Menschen fragen, wie man angesichts der Not und des Elends in dieser Welt Optimismus entwickeln könne. Ich frage eher: Wie kann man existieren ohne? Hätte ich nicht das Gefühl, etwas zum Positiven hin ändern zu können, wie könnte ich leben in der Ungerechtigkeit? »Die Hoffnung ist der Regenbogen über den herabstürzenden Bach des Lebens«, formulierte Nietzsche.

Optimismus und Hoffnung sind der Treibstoff für den Motor unserer Existenz. Sie treiben uns voran, lassen uns glauben und kämpfen. Ohne sie würde es dunkel werden in der Welt und wirklich Grund zu Pessimismus geben. Mit ihnen – das ist wie eine self-fulfilling prophecy – gibt es Grund zum Hoffen.

Wir kennen das aus dem Alltag: Wer ständig glaubt, dass alles schiefgeht, dem misslingt alles. Wer furchtsam an große Aufgaben herangeht, hat schon halb verloren. Positives Denken hingegen zieht das Gelingen an und rechtfertigt sich dadurch rückwirkend. »Die Hoffnungslosigkeit ist schon die vorweggenommene Niederlage.« (Karl Jaspers)

Kein Unternehmen würde existieren, gäbe es nicht Unternehmer, die optimistisch an die Möglichkeit des Erfolges ihres Produktes glaubten. Und gäbe es keine Unternehmen, gäbe es keine Arbeitsplätze, keine Wirtschaft, keine Rente.

Wie gesagt: Wir können nicht ohne. Politisch, philosophisch, wirtschaftlich, seelisch. Ohne Optimismus bricht alles in sich zusammen.

»Alle Hoffnungen sind naiv, aber wir leben von ihnen.« (Primo Levi)

Dabei ist der Optimist nicht einer, der aus dem neunten Stock eines Hauses springt und sich beim dritten sagt, er lebe ja noch. Nein, er sieht die Realität in all ihrer Komplexität und macht einfach das Beste daraus. Und weiß, dass ihn ein positives Herangehen zu einem glücklicheren, gesünderen und gewinnenderen Wesen werden lässt. Optimist*innen »gedeihen«, Pessimist*innen »welken dahin«, beobachtet die US-Psychologin Barbara Fredrickson.

Optimismus baut den Grund, auf dem er steht. Hoffnung gebiert Veränderung und rechtfertigt sich dadurch selbst – das Gegenteil des Teufelskreises.

Da das Leben voll von Angelhaken und Fallstricken ist, kann nur der handeln, der optimistisch daran glaubt, dass sein Ziel schon irgendwie erreichbar ist. Jeder andere wird die Flinte schnell ins Korn werfen. »Ein Optimist sieht eine Gelegenheit in jeder Schwierigkeit; ein Pessimist sieht eine Schwierigkeit in jeder Gelegenheit«, sagte Winston Churchill hierzu. Und Eckart von Hirschhausen etwas salopper: »Shit happens. Die Frage ist nur, ob ich die Taube bin oder das Denkmal.«

Optimist*innen atmen auf, wenn sie das Licht am Ende des Tunnels sehen; Pessimist*innen erkennen darin den entgegenkommenden Zug.

Vielleicht behalten Pessimist*innen öfter recht – aber will man das?

Energie

Wind, Wasser und Sonne sind großartig, aber was ist die wichtigste erneuerbare Energie? Optimismus! Und zwar ohne Subventionsabbau, neue Stromtrassen, Batterieentsorgungsprobleme und Verschandelung von Landschaften und Dächern. Er erneuert sich täglich (muss er auch, um nicht zu versiegen) und speist sich aus Hoffnung, Liebe und Sinn ohne jeden Kohlendioxid-Ausstoß.

In historischen Momenten gibt er mehr Energie, als die Batterien aller Teslas und anderen E-Autos zusammen haben: Wenn eine unmenschliche Mauer inmitten eines Landes friedlich durch das Volk umgestoßen oder ein oranges Trampeltier voller Hass, Lüge und Rassismus aus einem weißen Haus verjagt wird.

Engagement

Hier kommt die Geschichte eines engagierten Menschen. In den 80er-Jahren des vergangenen Jahrhunderts sah er Künstler wie Kenny Scharf zum ersten Mal Regenwaldvernichtung, Kohlendioxid-Ausstoß und globale Erwärmung thematisieren. Überall in der Welt entstanden grüne Parteien. Er beschloss, einen Beitrag zur Vermeidung der Klimakatastrophe zu leisten. Mit Gleichgesinnten gründete er »Artists United for Nature«, eine Nichtregierungsorganisation, welche die Autorität führender Künstler*innen von Christo bis zu Lichtenstein nutzen wollte, um die Weltöffentlichkeit für das Thema globale Erwärmung zu sensibilisieren und Druck auf die Politik aufzubauen. Das war damals weiß Gott nicht einfach. Kaum einer wollte davon hören. Es war frustrierend.

Doch dann kam 1992 der Umweltgipfel in Rio de Janeiro, bei dem sich zum ersten Mal die Staatschefs und Umweltminister der ganzen Welt trafen, um die globale Herausforderung auch global anzugehen. Zum ersten Mal sprach man wenigstens über das Thema.

Und was tat unser Freund? Er half dabei, »Artists United for Nature« zum Sprachrohr aller Künstler*innen dieser Welt in Rio zu machen, indem er 35 führende Künstler*innen aus allen Bereichen – von Joe Cocker über Peter Ustinov bis zu Mario Vargas Llosa – dazu überredete, engagierte Werke, die die Regenwaldvernichtung und die globale Erwärmung thematisieren, zu gestalten. Alle wurden in Rio mit enormem Feedback ausgestellt und den Entscheidern als Stimme der Weltkunst präsentiert.

Aus frühem Engagement wurde plötzlich ernst genommenes Mitdenken auf der Bühne der globalen Politik ...

Aus den Werken der Künstler*innen machte unser Freund zum 500. Geburtstag der Entdeckung Amerikas eine einzigartige, limitierte Kunstedition »Columbus. In Search of a New Tomorrow«, deren Verkauf in Ausstellungen in aller Welt siebenstellige Erlöse erzielte, die er in Projekte gegen die Zerstörung der Regenwälder steckte. Aus Mitdenken wurde Mithandeln ...

Doch auch das reichte nicht. Unser Freund spürte, dass sehr viele Menschen etwas Konkretes tun wollten. Dieses breite Engagement wollte er nutzen und ihnen ein Werkzeug an die Hand geben. Er übertrug das erfolgreiche Konzept der Patenschaften für Kinder in der Dritten Welt auf die Umwelt und bot individuell gestaltete Urkunden an, mit denen bestätigt wurde, dass der jeweilige Pate aufgrund eines kleinen finanziellen Beitrages

1000 Quadratmeter Regenwald dauerhaft unter Schutz gestellt habe. Über eine Viertelmillion dieser Patenschaften kamen in kürzester Zeit zustande. Aus persönlichem Handeln wurde eine kollektive Aktion mit enormen Folgen …

Doch die Straße des Erfolges ist selten geradlinig. Rückschläge sind Teil unseres Lebens und Engagements. Die kamen nun zuhauf, denn die Erarbeitung und Umsetzung des Kyotoprotokolls war wahrhaftig schwierig und enttäuschend. Jede große Nation wollte ihr Süppchen kochen; es gab Trippelschritte und Taktieren statt Mut und Beherztheit.

Unser engagierter Freund spürte, dass er nur im Rahmen einer global agierenden Organisation etwas in diesem Szenario bewegen konnte. Er brachte »Artists United for Nature« mitsamt all ihrer Glaubwürdigkeit und Kreativität in den WWF ein, der größten und professionellsten Arten- und Naturschutzorganisation der Welt. Und plötzlich saß er dort im Präsidium, entwickelte Kampagnen, betrieb Lobbyarbeit, gab Impulse für Umweltbildung. Aus laienhaftem Engagement mit Herz war professionelle und durchdachte Arbeit auf ein klar definiertes Ziel hin geworden …

Nach all dem Gegenwind kam plötzlich Rückenwind auf: der Hurrikan Katrina und seine öffentliche Wahrnehmung, der Film Al Gores, die Statements des Weltklimarates, der Friedensnobelpreis für beide und weltweit mehr und mehr Politiker*innen, welche die globale Erwärmung ins Zentrum ihrer Politik und von internationalen Konferenzen rückten.

Kann es ein schöneres Gefühl geben? Kann Optimismus – und den brauchte es bei der Komplexität des Themas wahrlich – schöner bestätigt werden? Aus vielen kleinen Engagements in aller Welt war eine globale Herausforderung geworden, der sich die Besten stellten. Natürlich ist der Weg noch lang und mühsam, sehen wir uns nur die USA (auch ohne Trump), China, Indien, Russland und viele andere Länder mit all ihren nationalen Sonderinteressen an. Doch wer hat gesagt, dass unser Arbeitsvertrag für dieses Leben beinhaltet, dass wir nur dünne Bretter bohren? Wahrer Optimismus zeigt sich im langen Atem und im Annehmen großer Herausforderungen.

Entspannung

Selbst Gott brauchte den Sonntag nach sechs Tagen Schöpfung.

Wer voller Optimismus viel bewegt, muss sich auch Momente der Entspannung gönnen. Nur daraus schöpfen wir Kraft für das Neue.

Wer kontinuierlich 70 Stunden pro Woche arbeitet und jeden geplanten Urlaub kurzfristig streicht, wird am Burn-out-Syndrom erkranken und nichts mehr zustande bringen. Nur ein ausgeruhter Geist kann das Ungeahnte denken.

Das spüren die Jungen. Wer nicht relaxed ist, wirkt uncool. Wer nicht auch chillen kann, ist überehrgeizig.

Und im Sport ist es eine Binsenweisheit: Stretchen, pausieren, im warmen Jacuzzi entspannen – wer das nicht tut, verliert Leistungskraft. Verbissenheit verkrampft. Die Goldmedaille gehört dem innerlich Lächelnden.

Jeder weise Vater, jede liebende Mutter kennt es aus der Erziehung. Ich muss entspannen können, nicht alles gleich wollen und Geduld haben, um meine langfristigen Ziele zu erreichen.

Optimist*innen brauchen beides: die Konzentration auf das Angestrebte und die Lockerheit des Loslassenkönnens. Und wirklich weise ist, wer weiß, wann was richtig ist.

Erwartungshaltung

Wer ist glücklicher bei den Olympischen Spielen – Silber- oder Bronzemedaillengewinner*innen? Die mit Bronze, weil sie es noch auf das Treppchen geschafft haben. Silbermedaillengewinner*innen hingegen sind meist enttäuscht, weil es nicht zu Gold gereicht hat.

Models erzählen immer wieder, wie schwer es sei, an ihnen interessierten Männern klarzumachen, dass sie real nicht so wie auf den Hochglanzfotos und Plakaten aussähen. Stundenlang würde vor den Aufnahmen an ihnen geschminkt und frisiert und tagelang danach am PC mit Profiprogrammen alles perfektioniert, weichgezeichnet und nachgearbeitet.

Ein Schönheitschirurg erzählt, wie viele junge Mädchen mit dem Wunsch zu ihm kämen, wie ein bestimmter Popstar auszusehen. Und dass er diese immer wegschicke, weil er sie nicht glücklich machen könne: Erstens könne er den Wunsch nicht erfüllen und zweitens wären die jungen Frauen selbst im Erfolgsfall nicht glücklich, da die Unzufriedenheit in ihnen selbst läge und sie sich schnell etwas anderes Unerreichbares suchen würden.

Wie viele Hochzeitsnächte und Flitterwochen scheitern, weil die Erwartungshaltungen total überzogen sind und die Realität dahinter zurückfallen muss!

Und eine BBC-Befragung unter 45 000 Frauen ergab, dass 60 Prozent der Befragten ihren eigenen Anblick im Spiegel nicht ertragen könnten.

Was verbindet diese Versammlung von Unglück? Vollkommen unrealistische Erwartungen sind nie zu erfüllen und daher klassische Rezepte zum Unglücklichsein.

Glücklich ist, wer sich erreichbare Ziele setzt und sich über jeden erzielten Erfolg freut.

Und unglücklich, wer nur 2,80 Meter als Latte beim Hochsprung akzeptiert.

An amerikanischen Universitäten steht das Thema inzwischen ganz oben, wenn es um die Erforschung von Glücksfähigkeit geht. Tal Ben-Shahar, der populärste Glücksforscher an der Harvard University, etwa schreibt:

»Die unrealistische Erwartung eines permanenten Hochgefühls führt unweigerlich zu Enttäuschungen und Gefühlen der Unzulänglichkeit und damit zu negativen Emotionen. Um glücklich zu sein, muss man sich nicht ständig ekstatisch fühlen und auch nicht ununterbrochen positive Emotionen haben.«

Glück ist laut Brockhaus Enzyklopädie die »komplexe Erfahrung der Freude angesichts der Erfüllung von Hoffnungen, Wünschen, Erwartungen, des Eintretens positiver Ereignisse, Einssein des Menschen mit sich und dem von ihm Erlebten.«

Wir können nicht alles auf einmal wollen, denn Glück will Erfolgserlebnisse. Wir sollten es uns aber auch nicht zu einfach machen, denn Glück ist auch Überwindungslohn.

Das Management der Erwartungshaltungen zwischen diesen beiden Extremen ist ein elementar wichtiges Handwerkszeug von Optimist*innen. Sie müssen den für sich richtigen Weg finden zwischen naivem Zweckoptimismus und destruktiver Überambition.

Erziehung

Die Welt braucht Optimismus. Schon die kleinen privaten Herausforderungen von der Liebe bis zur Abschlussprüfung lassen sich kaum ohne bewältigen. Wie soll das bei den komplexen und globalen großen Aufgaben ohne mutige Individuen klappen, die an sich glauben und überzeugt sind, dass sie etwas zum Besseren hin bewegen können? Hier sprechen wir von Religionskonflikten, von Aids, von der ungerechten Verteilung lebenswichtiger Ressourcen in der Welt oder von der globalen Erwärmung (→ Engagement).

Nun ist es so, dass die großen, persönlichkeitsprägenden Grundeinstellungen und Werte nicht vom Himmel fallen. Sicher, manche sind genetisch vorgegeben; aber selbst hier kann beeinflusst werden, was ein Mensch daraus macht. Dementsprechend haben wir Erwachsene eine immense Verantwortung. Wir – als Mütter, Väter, Lehrer*innen, Professor*innen, Politiker*innen etc. – haben es in der Hand, ob wir Optimismus säen oder Pessimismus. Ob wir Mut zum pointierten Leben geben oder in den Defätismus treiben.

Viele psychologische und pädagogische Studien belegen, dass Optimismus lehrbar ist. Also lasst uns die Verantwortung annehmen! Wir haben es in der Hand, wie die Welt von übermorgen aussieht! Am einflussreichsten ist sicher das Vorleben – ob wir selbst unternehmerisch und gestaltend Risiken eingehen und positive Impulse setzen oder ob wir leicht depressiv die Welt mit all ihren Schwächen hinnehmen. Aber Selbstvertrauen und der Glaube, es werde schon klappen, lassen sich auch systematischer vermitteln. In alle Bildungsinstitutionen gehören altersgemäße Module, in denen gezeigt wird, dass jeder von uns wichtige

Beiträge leisten kann bei der Gestaltung unserer Welt. Glück und Optimismus als eigenes Unterrichtsfach ist vielleicht zu weit gegriffen, aber die beiden Themen sollten sich wie ein roter Faden durch viele vorhandene Fächer ziehen und Schüler*innen mit leuchtenden Augen und einem positiven Glauben an sich selbst und die Welt in dieselbe entlassen.

Essen und Trinken

Man sagt ja gern, Liebe gehe durch den Magen. Das mag stimmen, auch wenn man in den Phasen schönster Verliebtheit von Liebe und Luft allein leben kann. Noch mehr stimmt, dass viel mehr durch den Magen geht: große Bereiche unserer Stimmungen, unseres Verhältnisses zur Welt und zu anderen Menschen, Optimismus und Pessimismus.

Nur einige Beispiele:

Schokolade ist Balsam für die Seele und hilft über mancherlei Kummer hinweg. Ein Kaffee am Morgen lässt die Lebenskräfte erwachen. Welcher Abend beginnt nicht lockerer und positiver, wenn die Gäste in Sekt- oder Champagnerlaune versetzt werden? Welches ist das größte Volksfest der Welt? Das Oktoberfest mit über sechs Millionen getrunkenen Maß Bier und all der darauf fußenden Verbrüderung. Wie baut man die Bühne für eine gelungene Verführung? Durch ein liebevoll zubereitetes, romantisches Abendessen mit gutem Wein. Worauf freut man sich besonders bei der Heimkehr von einer langen Reise? Auf das gewohnte Brot, vielleicht mit Leberkäse oder Quark drauf, jedenfalls ein Stück kulinarische Heimat.

Man könnte Bücher füllen mit den emotionalen und kommunikativen Wirkungen von Essen und Trinken. Sie prägen unser Verhältnis zur Welt – und zeigen zugleich an, wes Geistes Kind man ist. Wer mag schon den missmutig Knäckebrot mümmelnden Oberlehrer und wer kann sich der Attraktivität einer großfamiliären Runde mit Spaghetti und Rotwein entziehen?

Doch ist das Verhältnis zwischen Essen und Trinken und Optimismus ein ganz verzwicktes. Lange waren im amerikanischen Buchmarkt die beiden größten Titelgruppen welche? Koch- und Diätbücher. Das eine kann ohne das andere nicht leben, so scheint es. Mit einem wesentlichen Unterschied: Bei den Kochbüchern bekommt jeder Verlag unendlich viele Beschwerdebriefe, weil das Soufflé in sich zusammenfiel oder das Steak trocken war. Bei den Diätbüchern gibt es keine solchen Briefe. Aber nicht etwa, weil die Diäten funktionieren würden, sondern weil niemand sie durchhält und man die Schuld daher bei sich selbst sucht.

Da sind wir im Zentrum des verzwickten Verhältnisses. Vernünftig und in Maßen genossen bilden gutes Essen und Trinken eine tägliche Grundlage für ein optimistisches Verhältnis zur Welt. Esse ich konstant zu viel und bewege mich zu wenig, werde ich übergewichtig, handele mir eine Fülle von gesundheitlichen Problemen ein und bewege mich tendenziell von der Freude weg hin zur Frustration. Begebe ich mich dann ins Jo-Jo der Diäten, ist es auch keine Quelle von Glück, ständig Nein sagen zu müssen. Das sich nur von Salat und Wasser ernährende Topmodel ist ja schon fast ein Klischee geworden …

Ähnliches gilt für den Alkohol. In vernünftigen Maßen genossen macht er nicht nur Stimmung, sondern ist sogar gut für Kreislauf und anderes. Artet sein Konsum aus, ist nicht nur kurzfristig ein Kater die Folge. Nein, auch die Leber wird in die Waagschale geworfen, die Lust schwindet, das Gehirn wird geschädigt. Optimismus sieht anders aus.

Mit dem Essen und Trinken ist es also ähnlich wie mit der Familie: Es liegt an uns, was wir daraus machen. Agieren wir weise, erhält der Optimismus Rückenwind – und was für welchen. Lassen wir uns gehen und denken zu kurzfristig, schaffen wir uns selbst Probleme, die ein optimistisches Leben sehr behindern können. Wir sind Herr im Haus und unseres Glückes Schmied.

Familie

90 Prozent aller Unternehmen sind in Familienbesitz. Diese Firmen stellen 60 Prozent aller Arbeitsplätze, entwickeln fast drei Viertel der Patente und erwirtschaften weit mehr als die Hälfte des Bruttosozialproduktes. Woher die Stärke? Und warum wollen so viele Menschen in Familienunternehmen arbeiten?

Die guten unter ihnen haben ein unumstößliches Leitsystem von Werten als eine Art Fundament, auf dem Generationen bauen können. Sie übernehmen mitmenschliche Verantwortung in mannigfaltiger Hinsicht. Sie denken langfristig, ja in Generationen, und immer über den Tellerrand des Aktuellen und Modischen hinaus. Nachhaltigkeit ist kein Begriff, dessen Bedeutung sie lernen müssten.

Jedes Mitglied solcher Familien weiß, dass es langfristig mit allen anderen auskommen muss. Loyalität, Zusammenhalt, Fairness und Verlässlichkeit sind daher Schlüsselwerte und ihre Postulate immer dem kurzfristigen Vorteil des Einzelnen überlegen. Man geht möglichst zivilisiert miteinander um, sucht Kompromisse, kultiviert eine gewisse Höflichkeit und auch Rücksichtnahme. Menschlichkeit zählt mehr als der Ellenbogen, Integrität mehr als der Tritt nach unten.

Die herausragende Familiengeschichte mit all ihren Traditionen und Ritualen führt zu Gefühlen der Heimat und Identität, ohne den Blick in die Zukunft und all ihre Herausforderungen zu trüben. Ein gewisser Stolz und ein starker Drang zur Unabhängigkeit werden von Generation zu Generation weitergegeben. Vorbilder werden kultiviert.

All diese Haltungen werden gelebt, ohne großes Aufheben davon zu machen. Glaubwürdigkeit ist wichtiger als Öffentlichkeit. Was immer für innere Konflikte auftreten (und das tun sie ja nun in den besten Familien), nach außen tritt man geschlossen auf. Blut ist dicker als Wasser.

Soweit das Idealbild. Kritisiert wird an Familienunternehmen, dass sie oft gelähmt werden durch Streitigkeiten, dass ihnen Vision und Kapital fehlen für globale Expansion und dass oft mittelmäßige Familienmitglieder an verantwortlichen Stellen sitzen.

Diese Ambivalenz im wirtschaftlichen Bereich steht symbolisch für das Spannungsverhältnis, in dem sich die meisten Emotionen der eigenen Familie gegenüber bewegen. Familie kann Himmel und Hölle sein, Paradies und Gefängnis. Und die Art, wie ich mit diesem Spektrum umgehe, bestimmt radikal mein Verhältnis zur Welt, meinen Optimismus oder eben Pessimismus.

Denn Familie ist ja eine kleine persönliche Welt in der großen unpersönlichen. Wir beziehen aus ihr unser Sein, unsere Herkunft, unsere Identität. Sie gibt uns Wurzeln und Heimat, Werte und Tradition. Wie schrecklich sind daher die Festtage im Jahr für jene, die keine Familie haben oder von der ihren ausgeschlossen sind. Wie schrecklich verletzen Spaltungen und Scheidungen, wie sehr ziehen sie den Boden unter den Füßen weg. Plötzlich weiß man nicht mehr, wohin man gehört.

Ein glückliches familiäres Umfeld wird laut fast allen Umfragen als wichtigster persönlicher Glücksfaktor angesehen. Und je mehr die Menschen an Freundschaft, Partnerschaft und Liebe erlebt haben, desto wichtiger wird ihnen im Alter die Familie wieder. Die man sich ja nie aussuchen konnte – und an der daher überaus deutlich wird, mit welchem Grundgefühl man an zwischenmenschliche Beziehungen herangeht.

Je nach Disposition kann sich Familie auch radikal gegen die Befähigung zum Glück und zum Optimismus wenden. Streit, jahrelanges Schweigen, Entfremdung, Intrigen sind die Kehrseite der weihnachtlichen oder geburtstäglichen Harmonie. Und niemand kann besser verletzen als ein Familienmitglied, denn wer kennt einen denn besser? Dann überleben Familie nur die Härtesten …

Es liegt also in unseren Händen. Familie kann uns ersticken lassen und blockieren oder fliegen lassen und einen kristallklaren Block der Selbstsicherheit in uns schaffen. Wir können froh sein, wenn alle wieder weg sind von der Kaffeetafel, oder eine kleine Rede zum Abschied tränenerstickt abbrechen, weil die Traurigkeit so groß ist, sich längere Zeit nicht zu sehen.

An der Einstellung zur Familie zeigt sich wie selten sonst die Grundeinstellung zum Leben. Wir können vieles nicht ändern, aber wir können so oder so damit umgehen. Liebe dich selbst – und du kannst mit vielen familiären Herausforderungen sehr gelassen und produktiv umgehen. Denke positiv – und aus Genervtheit kann Nähe werden.

Schafft man es, ist die Glücksprämie überwältigend. Selten im Leben hat man sein Glück so direkt in der Hand.

Und was das größte Zeichen von Optimismus ist? Eine eigene Familie zu gründen und alles weiterzugeben an die nächste Generation. Inwiefern? Das steht unter dem Stichwort »Kinder«.

Feiern

Sich von Sonnenuntergang bis Sonnenaufgang nichts als dem
Moment, dem Spaß und dem Flirt hingeben. Sich schön machen – für sich selbst und die anderen. Und niemanden schöner
finden als die, mit denen man das Vergnügen haben wird in jenen Stunden der Ausgelassenheit. Langsam beginnen, voller
Vorfreude. Dann ein, zwei Gläser mehr, die Musik wird lauter,
die Stimmung enthemmter, das Lachen heller. Distanz schmilzt
zwischen Trinken und Tanzen. Alles wird leicht, spontan, ausgelassen. Verrücktes wird möglich, Konventionen werden über
Bord geworfen. Man vergisst sich langsam, lässt alle Belastungen hinter sich und ist doch so sehr bei sich. Was im Alltag vielleicht durch unsichtbare Barrieren voneinander getrennt war,
findet ohne Umschweife zusammen. Grenzen werden überschrit-
ten, Zeit wird vergessen. Pflicht ist zum Fremdwort geworden,
Verantwortungsdruck weit weg. Barfuß tanzt man auf den Ti-
schen und am Strand, unter freiem Himmel mit den Füßen im
Wasser. Schlafen kann man doch später!
  Feiern ist eine trunkene Hymne auf das Leben, die Liebe, die
Freundschaft. Wer sie nicht ab und zu mal richtig laut singen
möchte, ist schwerlich ein*e wirkliche*r Optimist*in.

Flexibilität

Optimist*innen wissen, was sie wollen. Aber sie entwickeln ein
gutes Gespür dafür, was geht und was nicht. Sie reagieren auf
ihre Umwelt, auf Zwänge und auf menschliche Schwächen und

nehmen aufmerksam wahr, wenn etwas unabänderlich ist. Sie lernen, mit den Verhältnissen umzugehen, ohne sie unkritisch zu akzeptieren. Sie wollen kein Michael Kohlhaas sein.

Gäbe es keine Optimist*innen in diesem Sinne an den großen Verhandlungstischen, wären globale Klimakonferenzen und auch Tarifstreitigkeiten zum Scheitern verurteilt. Verständnis für die Position der anderen und aufeinander eingehen sind geübte Praxis derjenigen Persönlichkeiten, welche »die Kuh vom Eis bringen« und Ergebnisse erzielen wollen, anstatt sinnlos zu polarisieren und Konflikte zu verschärfen.

Aber auch für die Bewältigung des Alltags spielt Flexibilität eine große Rolle. Wenn der Fernseher kaputt ist, kann ich mich sinnlos ärgern oder einen vielleicht viel schöneren Abend des Gespräches und der Zärtlichkeit erleben. Ist der Zug weg, kann ich ausflippen oder mir ein Buch kaufen und die Zeit bis zur nächsten Abfahrt entspannt in einem Café genießen. Und wird das Wetter unerwartet schlecht am Wochenende, kann ich mir durch Frust die beiden Tage verderben oder es mir zu Hause bei Glühwein und Kerzen gemütlich machen. Die Welt bietet Anlass genug zu Ärger und Freude – und zu einem ganz großen Teil liegt es an uns, was wir wählen.

Flow

Flow ist Optimismus, der sich seiner selbst gar nicht mehr gewahr ist. Flow ist Verliebtheit ins Tun und ins Gelingen. Alles löst sich auf in einer Einheit zwischen Weg und Ziel.

Beim Schwimmen etwa: Nach mehreren Bahnen fließen die Bewegungen perfekt und fast unbewusst. Man gleitet durchs

Wasser, keine Unregelmäßigkeiten stören mehr. Das Bewusstsein löst sich vom Körper, eine Art von Trance entsteht. Jegliches Gefühl von Zeit und Raum verschwindet, auch scheint es keine Anstrengung mehr zu geben. Nichts kann mehr bremsen, man ist der Delfin am Horizont.

Dieses einzigartige Gefühl der Grenzenlosigkeit können Menschen in vielen Situationen und Aktivitäten erleben, wenn sie ihm nur Raum geben und es zulassen. Es kann beim Schreiben kommen und beim Tischtennis, beim Segeln und beim Malen. Es verträgt sich nicht mit dem Gedanken ans Scheitern. Optimist*innen haben wieder mal die besseren Karten.

Freiheit

Das DUDEN-Universalwörterbuch definiert sie so:

»1. *Zustand, in dem jemand von bestimmten persönlichen od. gesellschaftlichen, als Zwang od. Last empfundenen Bindungen od. Verpflichtungen frei ist u. sich in seinen Entscheidungen nicht [mehr] eingeschränkt fühlt; Unabhängigkeit, Ungebundenheit:* die politische F.; die innere F.; die F. des Geistes, der Presse; seine F. bewahren, verlieren; die F. des Andersdenkenden; die F. von Forschung und Lehre; F. *(das Freisein)* von Not und Furcht; F., Gleichheit, Brüderlichkeit.

2. *Möglichkeit, sich frei u. ungehindert zu bewegen; das Nichtgefangensein:* den Gefangenen, einem Tier die F. schenken, geben; jemanden seiner F. berauben; ein Tier in der F. *(in der freien Natur)* beobachten.

3. *Recht, etw. zu tun; bestimmtes [Vor]recht, das jemandem zusteht od. das er bzw. sie sich nimmt:* die F. der Wahl haben; be-

sondere -en genießen; sich gewisse -en erlauben, herausnehmen; das ist dichterische F. *(Abweichung des Dichters bzw. der Dichterin von den Tatsachen u. der historischen Genauigkeit)*; die Mode erlaubt heute viele -en *(Abweichungen von der Norm).*«

Es fällt extrem schwer, sich langfristig Optimismus vorzustellen unter repressiven Regimes oder in der Gefängniszelle. Optimismus braucht Selbstbestimmtheit in der Wahl von Zielen und Lebensweisen. Sicher – man kann sich in vielen Umständen einrichten, und die Hoffnung stirbt bekanntlich zuletzt. Aber Freiheit steht nicht von ungefähr seit Langem ganz oben auf der Agenda der politischen Ziele der Menschheit. Und der schönste Beweis für die Macht des optimistischen Denkens auf dieser Welt ist es, wenn sich eine Bevölkerung gewaltfrei gegen Tyrannei und Diktatur auflehnt, wie etwa 1989 in Osteuropa. Hier wurde durch Optimismus, Mut und Entschlossenheit das Unmögliche möglich und das Denken und Fühlen einer ganzen Generation verändert.

Freude an kleinen Dingen

Auf der Suche nach dem großen Glück übersehen viele Menschen gern, dass sein Unterfutter aus kleinen Momenten gewebt ist. Diese lassen uns lächeln, innehalten, jubilieren, auflachen oder verzückt in die Augen des Gegenübers schauen. Sie bilden den Stoff für Vorfreude und die Textur der Erinnerung. Sie blitzen auf in der Liebe oder der Freundschaft, im Flirt oder in der Familie, beim Essen oder auf Reisen, mit Kindern oder Kollegen, in der Natur oder im Kino. Hier sind ein paar:

- Kinderlachen
- Spüren, wie sehr sich die Großmutter über den Besuch zu Kaffee und Kuchen freut
- Liebevoll den Rücken eingecremt bekommen
- Ein frisches Bier
- Ferienanfang – und der erste Blick aufs Meer
- Aus Resten im Kühlschrank doch noch ein richtig schönes Abendessen zaubern
- Zwei Kilo weniger auf der Waage
- Frühstück im Bett.

Wer solche Momente übersieht und immer nur an Schulabschlüsse, Beförderungen, sportliche Erfolge und den Nobelpreis denkt, versäumt das Glück. Und verhindert eine optimistische Grundhaltung, die das erfolgreiche Angehen der großen Herausforderungen des Lebens erst möglich macht.

Freundschaft

Optimistisches Leben ohne Freundschaft ist nicht denkbar. Das beobachten wir schon an den Kindern. Wie unumstößlich ist Freundschaft im Kindergarten! Aus dem ganzen Gewusel von Vierjährigen wählen sich unsere Kinder drei aus, und das sind die Freunde oder Freundinnen. Da gibt es kein Pardon, da gibt es keine Alternative – und klar wird, wie tief verwurzelt Freundschaft im Menschen ist und wie schwer vorstellbar Leben ohne sie. Freundschaft ist eines der höchsten Güter unseres Lebens, vielleicht das wichtigste neben der Liebe, und sie macht Leben erst zu Leben.

F

47

Aber Freundschaft will gelernt sein. Die kleinen Gesten, das Zeigen von Gefühlen, die Briefe und Notizen, das Sich-Kümmern, das Immer-wieder-bereit-Sein … Es gibt eine Kunst der Freundschaft.

Woher nur kommt das Gefühl? Warum gerade der und nicht jener oder die und nicht jene? Jede*r von uns lernt so unendlich viele Menschen kennen, aber plötzlich ist da jemand, dem man etwas länger in die Augen schaut. Man spürt Gemeinsamkeiten, Sympathie. Man berührt den Arm des anderen aus einem bestimmten Gefühl heraus, unterschreitet die Normaldistanz. Lacht gemeinsam. Ein Gefühl wunderbarer Nähe entsteht, man freut sich aufeinander. Aristoteles fasst es auf das Wunderbarste zusammen: »Ein Freund ist eine Seele in zwei Körpern.«

Daraus entsteht sie dann, diese existenzielle Verbindung. Man kann über alles reden, sich offen kritisieren, ohne zu verletzen, und nimmt doch den anderen, wie er ist. Kein Rollenspiel, keine Show ist nötig. Man muss nichts beweisen, wird nicht ausgelacht oder fallen gelassen. Freundschaft ist Aufforderung zum Selbstsein. Das ist das eine Element. Und das andere:

Freund*innen sind füreinander da. Sie sind in jedem Moment und an jedem Ort bereit zur Hilfe und zu Opfern. Sie können sich aufeinander verlassen, in guten und in bösen Tagen.

Stimmt eigentlich, was Ovid sagt? »Während das Glück dir lacht, wirst Freunde du zählen in Menge; wenn sich der Himmel bewölkt, findest du bald dich allein.«

Leider ja, wenn Freundschaft instrumentalisiert wird. Wenn sie Mittel wird, um Menschen an sich zu binden, die einem nützen können. Wenn sie verkommt zum »Networking« mit wichtigen Menschen, die einem eben nur durch ihre berufliche Position nützlich sein können. Wahre Freundschaft transzendiert das mühelos und lässt Freund*innen gemeinsam durch dick und dünn gehen, durch fette und magere Jahre.

Wenn sie gut ist, bettet eine Freundschaft ein und federt ab. Sie bewahrt vor jeder Art von Kurzschlusshandlung (ob in Pubertät oder Midlife-Crisis), sie bildet ein Netz der Fürsorge und Eingebundenheit und wird zu einem Alter Ego, das uns beschützt – manchmal vor uns selbst. »Es soll ein Freund des Freundes Schwächen tragen.« (Albert Schweitzer)

Das Schöne ist, dass dies auch im Wettkampf klappt. Wenn sich die Kontrahent*innen nach einem heiß umkämpften Match umarmen, ist dies eine der schönsten Gesten, die in der Freundschaft möglich sind. Beides ist wichtig: der Wettkampf und die Freundschaft! Auf Freund*innen schießt man nicht.

Und noch etwas Schönes: Es gibt keine Ausschließlichkeit. Eifersucht ist der Freundschaft relativ fremd. Hier unterscheidet sie sich von der Liebe. Man kann mehrere Freund*innen haben – wenn auch sicher nicht zu viele, denn Inflation und Freundschaft vertragen sich nicht. Es mag nicht stimmen, dass man wirkliche Freund*innen immer nur an einer Hand abzählen kann, aber Heerscharen sind schwer vorstellbar.

Wie verhält sich die Freundschaft sonst zur Liebe? Man sagt, aus Liebe werde im besten Falle Freundschaft (»Lass uns gute Freunde bleiben!«). Aber wie oft gelingt das wirklich? Umgekehrt wird aus Freundschaft nicht unbedingt oft Liebe. Trotzdem: In den romanischen Sprachen haben »Amour« und »Amitié« den gleichen Wortstamm. Es gibt da eine innere Verbindung, und ein ganz wenig verliebt ist man sicher manchmal in einen guten Freund oder eine umwerfende Freundin.

In jedem Fall kann man mit einem Freund oder einer Freundin gut über Liebe sprechen. Und man kann schweigen. Einfach schweigen.

G

Geborgenheit

Halb acht in einer kleinen, gemütlichen Wohnung. Das Abendessen ist weggeräumt, Mama und Papa sitzen auf dem Sofa – und
zwischen ihnen ihr kleines Kind. Es schaut nach rechts, es schaut
nach links und will zum 57. Mal das Buch mit den fünf kleinen
Enten ansehen. Das Kind lächelt in Vorfreude auf das immer
gleiche Ritual und zeigt mit seinen Händchen, dass Papa und
Mama doch noch näher zusammenrücken mögen. Wie sicher es
sich fühlt, wie geschützt vor all den Drohungen dieser Welt.
Dann mahnt die Mutter zum Ins-Bett-Gehen. Alle zusammen
bewegen sich zum Wickeltisch, das Kind wird bei allerlei kleinen
Scherzen gewickelt und bekommt gegen lebendigen Widerstand
seinen Schlafanzug angezogen. Es wird ins Bettchen gelegt und
zärtlich geküsst von beiden Eltern. Der Schlafsack liegt richtig,
die beiden Lieblingstiere auch. Die Eltern verlassen das Zimmer,
machen auch im Gang das Licht aus und Kerzen und Musik im
Wohnzimmer an.

Gibt es ein stärkeres Gefühl von Sicherheit und Verlässlichkeit? Kann Liebe deutlicher gelebt werden? Kann sich ein Mensch
sicherer sein, dass seine Grundbedürfnisse befriedigt werden
und dass andere immer für ihn da sind? Das ist Geborgenheit. In

abgeschwächter Form brauchen wir sie lebenslang in unendlich vielen Situationen – als Kontrapunkt zum mutigen Hinausgehen in die Welt und zum Eingehen jeglichen Risikos. Es mag Abenteurer*innen geben, die den Sinn ihrer Existenz nur in Wüstendurchquerungen und Polarexpeditionen finden. Aber die meisten Menschen brauchen ein Stück Geborgenheit im Leben. Sie ist Kraftquelle und Heimat zugleich, eine Art Felsen in Sturm und Unwetter. Für Optimist*innen ist sie die Ladestation, an der sie ihren Akku immer wieder aufladen.

Geduld

Natürlich braucht, wer etwas bewegen und verändern möchte in dieser Welt, einen starken Willen und kann sich nicht von jeder Schwierigkeit aus der Bahn werfen lassen. Natürlich muss er oder sie überzeugen können und darf das Vorgegebene nicht einfach hinnehmen. Aber eine Anleitung zum Unglücklichsein und Quelle unnötiger Frustration ist es, wenn sich diese Kraft nicht paart mit buddhistisch angehauchter Gelassenheit und Geduld. Niemand kann alles auf einmal schaffen, und die Brechstange ist nicht das beste Werkzeug für den Umgang mit Mensch und Welt. Das bezieht sich auf Kleines wie Großes im Leben, auf Alltägliches und Erhabenes. Wer ein neues technisches Gerät erworben hat und gleich alles auf einmal verstehen und in Gang bringen will, wird enttäuscht werden. Wer den Schrank von IKEA nach einer halben Stunde einräumen will, ebenso. Aber Geduld brauchen wir auch für die Liebe, für den Aufbau eines Unternehmens oder einer Marke, fürs Abnehmen oder fürs Schwimmenlernen. Wer Erfahrung mit Erziehung hat, weiß, dass die

Dinge ihren eigenen Rhythmus haben und man nur geduldig warten muss, bis sich in dem jungen Menschen entwickelt, worauf man immer gehofft hat. Und wer sich für eine bessere Welt engagiert (→ Engagement), weiß auch, dass er dicke Bretter bohren muss und einen langen Atem braucht.

Gelassenheit

Sich symbolisch in Gottes Hand legen. Aus den Tiefen des Bauches heraus wissen, dass wir den Lauf des Schicksals nur begrenzt beeinflussen können. Nicht immer mit dem Kopf durch die Wand rennen müssen. Vertrauen lernen, dass es letztlich schon gut wird, wenn wir uns selbst treu bleiben und immer für andere da sind. In der Ruhe liegt die Kraft, die Optimist*innen lebenslang brauchen.

Genuss

Sprechen wir mal nicht über schön zelebrierte Abendessen mit wunderbarem Wein im Kerzenlicht nach gemeinsamem Kochen bei italienischer Opernmusik. Zu abgegriffen. Sprechen wir auch nicht von heißer Liebe unter Palmen. Noch abgegriffener. Sprechen wir von einem Genuss, der kostenlos ist und für jede*n Erdenbürger*in erreichbar. Es gibt ihn täglich, stündlich, minütlich, sekündlich, immer. Immer ist er irgendwo und wartet nur darauf, bewusst erlebt zu werden. Die Erde dreht sich mitsamt uns und der Atmosphäre am Äquator mit 1666 Kilometern pro

Stunde. Und immer rast ein Längengrad der aufgehenden Sonne entgegen – wie man es im Flugzeug erlebt, wenn man nach Osten fliegt. Es ist schon ein Grund für Optimismus, dass wir aufgrund der Schwerkraft auf der Erde gehalten und bei dieser Geschwindigkeit nicht durch Zentrifugalkräfte in den Weltraum geschleudert werden. Aber noch mehr Grund dafür ist, dass es den Sonnenaufgang jeden Morgen neu gibt. Allerdings wird er nur in seltenen Fällen wahrgenommen und genossen. Gehen Sie mal raus am frühen Morgen oder feiern durch und setzen sich an eine Stelle, wo Sie ihn auf schöne Weise wahrnehmen können! Es ist schon nicht selbstverständlich, dass die Sonne jeden Morgen neu am Horizont erscheint. Aber wie sie dann kommt, mit welcher Klarheit und Kraft und Präzision! Wie die ersten Strahlen voll Wärme auf das Gesicht fallen. Wie es hell wird, wie sich der Himmel färbt, wie einem klar wird, dass man Teil des Lebens ist. Eine Tasse Tee oder einen Kaffee neben sich, vielleicht den oder die Liebespartner*in bei sich und einen schönen Tag vor sich.

Solch Genuss fördert Optimismus und ist sein Rückenwind. Es war der Sänger Konstantin Wecker, der den wunderbaren Satz prägte: »Wer nicht genießt, wird ungenießbar.« Und ein geistig Verwandter sagte, die Zeit fahre Auto und das Glück Fahrrad.

Gestalten

Den allerwenigsten Menschen reicht passives Rumsitzen zum Glück. Die meisten wollen gestalten, schaffen, unternehmen und vielleicht sogar etwas hinterlassen, das uns mal überlebt. Der eine spielt Jazz, der andere gründet Unternehmen. Die eine macht

Filme, die andere fotografiert. Der eine hält Reden, der andere betreibt eine Kinderhilfsorganisation. Die eine stiftet eine Bibliothek, die andere zieht Kinder groß. Aber alle wollen sie mitgestalten beim Bau der Welt, in der wir leben. Etwas beitragen, etwas schaffen. Sich selbst dabei spüren in aller Gestaltungskraft und eine Spur hinterlassen ...

Der Wille – und auch die Notwendigkeit – zu gestalten, ist aber auch in einem übergreifenderen Sinne lebenswichtig für das Glück in unserem Leben. Wie wirklich ist denn unsere Wirklichkeit? Wie viel von dem, was wir als unsere Umwelt und unser Leben wahrnehmen und als glücklich oder unglücklich werten, ist denn objektiv vorgegeben und wie viel von uns selbst gemacht? Nehmen wir ein Beispiel – einen Verkehrsstau. Man sitzt in seinem Auto, schaut nach rechts und sieht, wie der Fahrer sich so darüber ärgert, dass er fast ins Lenkrad beißt vor Frust. Dann sieht man nach links. Gleiche Situation, ändern kann ohnehin keiner etwas (außer die Verkehrsplaner*innen langfristig). Und da sitzt einer, der hat kurz per Handy Bescheid gesagt, dass er zwanzig Minuten zu spät komme, und genießt nun Mozart und die kontemplative Ruheinsel im vollen Leben ...

Gleiche Situation, Verzweiflung beim einen, Vergnügen bei der anderen. Also: Wie wirklich ist die Wirklichkeit? Keine Ahnung, wie das bei den Tieren ist, aber wir Menschen gestalten uns die Wirklichkeit zum großen Teil selbst, mit Fantasie und Seelenstärke.

Von beiden lebt Optimismus: dass man an sich glaubt und etwas bewegt in dieser Welt; und dass man sie in ihrem Sosein auf positive Weise wahrnimmt und schätzt.

Gesundheit

Glück und Optimismus vertragen sich schlecht mit Krankheit und Schmerz, Folter und Gewalt, Krieg und Hunger, Unfall und Behinderung, Abhängigkeit und Verfall. Weder bei Betroffenen selbst noch in ihrem engsten Umfeld.

Der wichtigste persönliche Glücksfaktor im Leben des Menschen ist nach dem familiären Umfeld die Gesundheit. Das bestätigt sich bei jeder Umfrage und bei fast jedem Geburtstagswunsch.

Realität ist aber leider, dass zahllose Menschen schwere Krankheiten und chronische Schmerzen haben. Was für eine Hymne an den Optimismus, wie die meisten damit umgehen!

Die Ärzt*innen haben recht, wenn sie keine Selbstmordpillen für den Fall des Falles verteilen – mit dem Hinweis, auf welch erstaunliche Weise der Mensch sich oft mit Lebenssituationen arrangiert, die er vorher als unerträglich angesehen hätte.

Selbst angesichts größter Schmerzen tragen wir ein überlebenswichtiges Licht der Hoffnung in uns, das uns tröstet und Rückhalt gibt. Manchmal geht es fast aus, doch dann flackert es wieder auf und lässt Menschen selbst in der Krebsabteilung lachen. Den schönsten Beweis dafür liefert Sophie van der Stap mit ihrem Buch »Heute bin ich blond. Das Mädchen mit den neun Perücken«: Mit 21 Jahren wurde bei ihr ein höchst aggressiver Krebs diagnostiziert. Ein Jahr lang kämpfte sie mit allen Mitteln dagegen – und behielt Humor und Lebensfreude. Ihre Haare fielen aufgrund der Chemotherapie aus – und sie besorgte sich attraktive Perücken, um weiter ausgehen zu können.

Auch in Kinderhospizen gibt es Spielzimmer, Kuschelzoos und Discos. Leben geht nicht ohne …

Und manche*r, den oder die eine missglückte Operation oder ein furchtbarer Unfall völlig aus der Bahn des normalen Lebens warf, kämpft sich tapfer durch die Rehas und empfindet diesen Prozess rückwirkend als beglückende Herausforderung an die eigenen Kräfte. Und nimmt das Leben danach – sei es auch begrenzt in vielerlei Hinsicht – bewusster und als schöner wahr als das normale davor. Weil jede Kleinigkeit zählt, gewürdigt wird und stolz macht. Weil nichts mehr selbstverständlich ist. Weil jede Blume schöner riecht denn je und jeder Sonnenuntergang intensiver erlebt wird. Weil Dankbarkeit alles durchströmt.

Optimismus kennt viele verschlungene Wege.

Ob er dabei hilft, Krankheiten gar nicht erst zu bekommen, ist ein uraltes Thema in der Psychosomatik und Immunologie. Bei schweren Krankheiten wie Krebs scheint die Medizin davon abzurücken, mentale und seelische Faktoren als stark bestimmend für die Gefährdung anzusehen. Bei Alltagskrankheiten wie Grippe hingegen ist klar, dass eine optimistische Grundhaltung die Immunstärke erhöht. Die Keime und Bakterien sind ja überall, und es liegt zum großen Teil an uns und unserer jeweiligen Konstitution und Stärke, was wir in uns zulassen. Das kennt doch jeder: Während Belastungen und Herausforderungen beruflicher oder schulischer Art sind wir immun gegen die Erkältungen um uns herum; und kaum kann man es sich »leisten«, liegt man im Bett.

Wie gesagt: Optimismus kennt viele verschlungene Wege.

Glaube

Religiöser Glaube bestimmt ganz wesentlich Art und Ausprägung von Optimismus. Wird uns ein besseres Jenseits erwarten? Werden wir bestraft werden für unsere Übeltaten? Hat jemand die Welt geschaffen, sodass sie im Kern eine gute sein müsste? Können wir glauben, dass jemand eingreift in das Geschehen – und am besten zu unseren Gunsten? Sind wir gar aufgehoben in einer gütigen Hand?

Aber Glaube oder auch Unglaube sind höchst subjektive Angelegenheiten und entziehen sich daher der Erörterung in einem Wörterbuch. Zwei Gedanken allerdings sind sicher auf objektive Weise richtig: Setzen Menschen ihren subjektiven Glauben absolut und zwingen anderen das von ihnen Geglaubte auf, brauchen wir eine extra Portion Optimismus für diese Welt. Und Glaube, schon im 19. Jahrhundert von Karl Marx als Opium fürs Volk bezeichnet, sollte niemanden davon abhalten, optimistisch selbst Dinge in die Hand zu nehmen und sich zu engagieren für eine bessere Welt. Sonst gibt er auch in dieser Hinsicht Anlass zu Pessimismus.

Was jede*r Optimist*in braucht, ob nun religiös oder nicht, ist den Glauben an andere und an sich selbst. Wer nicht an seine Kinder glaubt, sollte die Hände von der Erziehung lassen. Wer nicht an die Fähigkeiten von Schüler*innen oder Student*innen glaubt, sollte bitte nicht Lehrer*in oder Professor*in werden. Wer nicht an die Weisheit und das Gewicht von Volkes Stimme glaubt, sollte in Demokratien nicht Politiker*in werden. Und wer nicht an sich selbst glaubt, hat es ausgesprochen schwer, Optimist*in zu werden.

Schönstes Beispiel für die Macht des Glaubens in diesem

Sinne ist der New-York-Marathon. Weit über 20 Millionen Zuschauer fiebern an den Bildschirmen und über zwei Millionen an den Straßen mit, wenn Zehntausende von Menschen das Unmögliche versuchen. Die ganze Stadt bebt und kommuniziert dadurch jedem Teilnehmer und jeder Teilnehmerin, dass er es schaffen kann. Es ist völlig egal, ob in zwei Stunden zehn Minuten oder in fünf Stunden. Du kannst es schaffen, wenn du nur daran glaubst, scheint auf jeder Fassade zu stehen und an jeder Brücke zu hängen. Und wahrhaftig: Fast jeder schafft, was er oder sie alleine nie im Leben schaffen würde. Der Glaube der anderen an mich kann Berge versetzen. Das ist Optimismus pur: Es geht nicht nur darum zu glauben, dass alles gut ist, sondern Voraussetzungen dafür zu schaffen, dass es noch besser wird.

Gleichberechtigung

Schauen Sie doch bitte nochmal kurz auf den Titel dieses Buches. Fällt Ihnen etwas auf? Nein? Toll, dann hat sich das Gendersternchen der »Optimist*innen« bei Ihnen schon als Normalität etabliert! 2008, im Jahr der globalen Finanzkrise, als dieses Buch zum ersten Mal erschien, stand das generische Maskulinum des Optimisten noch nicht infrage. Und 2020 hat es das »Gendersternchen« dann sogar in den angesehenen Duden geschafft. Manche Stilblüte lässt uns ab und zu daran zweifeln, ob das gendern wirklich sinnhaft ist und trägt zur allgemeinen Belustigung oder Empörung bei. Aber welch einen Unterschied die Endungen machen, zeigt uns das Beispiel des kleinen Jungen, der sagt: »Wenn ich groß bin, will ich Bundeskanzlerin werden.«

Ein ziemlicher Fortschritt, wenn man bedenkt, dass in den 70er-Jahren des vergangenen Jahrhunderts in Westdeutschland eine Frau nur berufstätig sein durfte, wenn das »mit ihren Pflichten in der Ehe und Familie« vereinbar war. Oder Frauen in der Schweiz erst 1971 das Wahlrecht bekamen. Viel hat sich in den letzten 50 Jahren positiv durch und für Frauen verändert. Aber lange nicht genug.

Frauen verdienen immer noch weniger als Männer für die gleiche Arbeit. Frauen werden sexuell belästigt, am Arbeitsplatz, in der Freizeit, beim Sport. Frauen sind in höheren Führungspositionen trotz gleicher Qualifikation immer noch weit unterrepräsentiert. Frauen sind hauptsächlich für die unbezahlte Hausarbeit verantwortlich. Und wenn wir über unsere Grenzen hinaus auf andere Kontinente schauen, dürfen Frauen häufig noch kein Konto und kein Land besitzen. Sie werden verheiratet und dürfen sich nicht scheiden lassen. Und Corona hat die Situation für Frauen auf der ganzen Welt eher erschwert. In keinem Land der Welt haben wir heute Gleichberechtigung im Sinne von »gleiche Möglichkeiten und Freiheiten für alle Geschlechter« erreicht.

Die viel diskutierte Quote kehrt zurück. Freiwillig Frauen in Führungspositionen zu bringen hat nicht gereicht. Altbackene Rollenbilder halten sich hartnäckig, auch und vor allem in den sozialen Medien. Frauen sind tendenziell schön, schlank und gerne im Bikini oder in eng sitzenden Trainingsoutfits. Männer sind cool, sportlich und muskulös. Und wenn nicht, dann nutzt man einen tollen Filter, um das Bild zu perfektionieren. Mädchen interessieren sich für Schminke, Frisuren und Mode, Jungs für Autos, Geld und Sport. Manchmal scheint die Darstellung der Welt sehr gestrig.

Doch in anderen Bereichen zeichnet sich die Jugend heute auch aus: Sie geht auf die Straße, ist aktiv und klagt an. Offenheit und Toleranz gegenüber anderen ist Normalität. Nie waren Themen wie Bodyshaming, Diversity oder LGBTQ so präsent. Junge Frauen wie Greta Thunberg, Lady Gaga oder Emma Watson sind die neuen Rolemodels und Meinungsführer*innen. Sie sprechen und werden gehört. Die #metoo-Kampagne, die auf sexuelle Belästigung aufmerksam machte, hat erfolgreich Millionen von Menschen aktiviert und handfeste Konsequenzen nach sich gezogen. Tabuthemen der letzten Jahrzehnte werden zum gesellschaftlichen Gesprächsthema und schaffen es auf die Cover von Magazinen. Frauen werden mutiger, denn sie wissen, sie sind nicht allein. Und immer mehr Männer werden zu Verbündeten. Wir wissen, gemeinsam sind wir besser, effizienter und erfolgreicher. Noch nie hatten wir so eine ambitionierte Frauengeneration wie heute. Und so viele Männer, die gerne Elternzeit nehmen und Verantwortung teilen. Wir können das Thema Gleichberechtigung nur gemeinsam realisieren. Netzwerke gemeinsam stärken und nicht gegeneinander ausspielen. So werden wir alle davon profitieren. Und falls Sie jetzt irgendetwas an diesem kleinen Abschnitt als frauenfeindlich erachten, dann schimpfen Sie nicht auf Herrn Langenscheidt. Er hat eine Frau diese Zeilen schreiben lassen, die optimistisch an einer gleichberechtigten Zukunft arbeitet. Let's all be feminists!

Glück

Optimismus und Glück berühren sich wie Himmel und Meer am Horizont. Sie können nicht ohneeinander. Dabei ist Glück im doppelten Sinne zu verstehen: Glück haben (in der Liebe, im Spiel …) und glücklich sein.

Über das Glückhaben brauchen wir nicht viele Worte zu verlieren. Wahrscheinlich hat es der Optimist häufiger als andere (→ Einstellung). Über das Glück als Befindlichkeit hingegen kann gar nicht genug nachgedacht werden. Denn worin liegt der Sinn aller Existenz – wenn nicht im Glück? Ob kurz- oder langfristig gesehen, ob mehr aus der Sicht des Individuums oder mehr im Sinne der Allgemeinheit, welche Leitschnur des Handelns, Denkens und Wertens bleibt uns, wenn nicht die der »greatest happiness of all«?

Hier muss das Zentrum allen Strebens liegen, der Maßstab zur Bewertung, ob wir das Richtige tun in der uns vergönnten Zeit. Macht dieser Krieg die Menschen langfristig wirklich glücklicher, vermehrt jene gentechnologische Möglichkeit mit ihren Chancen und Risiken das Glückspotenzial von uns allen oder gefährdet sie es eher – wie sonst, wenn nicht mit dieser Art des Fragens, sollen wir uns den schwierigen ethischen Herausforderungen des Lebens stellen? Was sonst kann Ziel unserer Urteile und Handlungen sein?

Erstaunlich ist daher, wie wenig Reflexion diesem Thema gewidmet ist und wie wenig bewusst wir es als Ziel angehen.

Nur einige grundsätzliche Gedanken:

Glück transzendiert die Sinnfrage. Wer glücklich ist, fragt nicht, warum.

Glück überwindet jeden objektiven Begriff von Zeit. »Dem

Glücklichen schlägt keine Stunde« heißt es bei Schiller – und Goethes Faust will angesichts der Schönheit des Momentes nur eines: Er möge doch verweilen. Glück kann nur Sekunden dauern, sich aber als gefühlte Zeit wie eine kleine Ewigkeit ausnehmen; oder es kann Monate andauern und diese wie einen Augenblick im Himmel erscheinen lassen. Und die Vorfreude weit vor der realen Zeit ist oft schöner als das glückliche Erlebnis selbst.

Glück hängt eng zusammen mit Freiheit und Selbstbestimmtheit.

Es entzieht sich auf magische Weise jedem System, jeder zu direkten Intentionalität. Es kommt und geht und lässt sich nur begrenzt steuern. Da helfen keine Ratgeber, Selbstverwirklichungsseminare oder »Be happy!«-Beschwörungen. Es ist manchmal da, wenn wir es gerade gar nicht erwarten, und glänzt durch Abwesenheit, wenn alles nach ihm schreit – an manchem Weihnachtsfest, nach einer bestandenen Prüfung oder selbst während der Flitterwochen.

Jeder von uns kennt das: Man ist so richtig guter Dinge, ohne eigentlich zu wissen, warum. Immer wieder auch merken wir erst im Nachhinein, wie glücklich uns eine bestimmte Situation gemacht hat.

Das Glück liegt in uns. Es ist eine schreckliche Angewohnheit, seine Abwesenheit ständig auf schlechtes Wetter zu schieben, auf zu wenig Geld, schreckliche Chef*innen oder griesgrämige Ehepartner*innen.

Wir können versuchen, das Glück und das Unglück zu zähmen: Lotterien und Versicherungen leben davon. Nur gelingen wird es uns nicht.

Und Glück lebt vom Unglück. Es braucht den Kontrast. Nur Glück geht nicht. Genauso wenig wie nur Schokolade essen oder immer küssen im Sonnenuntergang.

Und was lässt sich inhaltlich über das Glück sagen? Was braucht der Mensch zum Glücklichsein?

Tal Ben-Shahar, Glücksforscher und Psychologe an der Harvard University, definiert Glück als »die umfassende Erfahrung von Lebensfreude und Bedeutung«. Lebensfreude entstehe durch positive Gefühle im Hier und Jetzt; das Gefühl von Bedeutung ergebe sich, wenn wir uns bestimmte Lebensziele setzen und wissen, dass unser Handeln einen künftigen Nutzen bringen wird. Zum Glücklichsein bräuchten wir beides. Weder der reine gegenwartsbezogene Hedonismus noch die ewig auf eine bessere Zukunft fixierte Karrieresucht könnten allein die Antwort auf unsere Frage nach dem Sinn des Lebens sein.

Der Schriftsteller Theodor Fontane meint lapidar: »Ein gutes Buch, ein paar Freunde, eine Schlafstelle und keine Zahnschmerzen.« Das ist charmant formuliert und wird allgemeine Zustimmung finden, reicht aber nicht ganz. Jede Lebenserfahrung über individuelle, historische und nationale Grenzen hinweg zeigt, dass eine inhaltliche Festlegung von Glück zum Scheitern verurteilt sein muss. Glück ist so einzigartig wie unsere Augen und unser Lächeln. Was dem einen Glück bedeutet, ist Langeweile für den anderen. Der eine liebt Opernarien, der andere die wöchentliche Wäsche seines Autos. Die eine fühlt sich nur so richtig gut mit einem Buch in der Hand, die andere, wenn sie auf dem Surfboard über die Wellen rast. Und selbst fanatische, religiös motivierte Selbstmordattentäter sind wahrscheinlich auf irgendeine perverse Art glücklich im Moment ihrer Tat.

Optimismus heißt, sich das Glücklichsein zuzutrauen, es bewusst anzustreben und zu gestalten und die individuelle Stärke zu haben, den angebotenen leeren großen Rahmen persönlich befriedigend auszufüllen.

Grundbedürfnisse

Es hilft dem Optimismus enorm, wenn sie befriedigt werden. Also wenn man Luft zum Atmen, Wärme und Licht hat, Essen und Trinkwasser, Bewegung und Sicherheit, Bildung und Liebe, Freiheit und Würde.

Es braucht aber leider auf dieser Welt enormen Optimismus, um sich vorzustellen und daran zu arbeiten, dass sie allen Menschen zugänglich sind. Lassen Sie uns alle nicht ruhen! Jeder und jede von uns kann dazu beitragen, und jede und jeder hat ein Recht darauf.

H

Hilfsbereitschaft

Was macht glücklicher – zu lieben oder geliebt zu werden? Zu schenken oder beschenkt zu werden?

Wir brauchen uns nicht das Selbstverständliche zu bestätigen. Natürlich können Glück und Wohlstand nur durch Wettbewerb, Leistungswillen, Ehrgeiz und eine gesunde Portion Egoismus entstehen. Natürlich ist der Kapitalismus das einzige System, das uns weiterbringt. Und natürlich trägt er raubtierhafte Elemente des Kampfes aller gegen alle in sich – und braucht dies, um Fortschritt zu erringen.

Aber er muss beseelt werden durch Menschlichkeit, Hilfsbereitschaft und Wärme.

Dem Menschen an sich ist die Mit-mir-nicht-Mentalität einer erkalteten Gesellschaft fremd. Sich selber küssen geht nur in einem kalten Spiegel.

Wir wissen aus der Wirtschaft, dass wir im Team immer besser sind – und dass Teamarbeit bedeutet, sich oft mühsam auf andere einzustellen und sie im Prozess zu halten.

Wir wissen aus der Evolutionsforschung, dass der Natur das Individuum unwichtig ist – und nur die Erhaltung der Art zählt.

Wir wissen aus der Psychologie, dass der Weg zum persönlichen Glück immer über den Umweg des Glücks anderer führt – oder anders gesagt, dass das Engagement für Familie, Freund*innen und Dritte paradoxerweise glücklicher macht, als sich immer nur um das eigene Fortkommen zu kümmern.

Wir brauchen einander in einem ganz existenziellen Sinne – und nicht nur in der freundschaftlichen Verbindung, in der Schulklasse, im Team, in Liebe und Leidenschaft oder zur Reproduktion. Wir brauchen den Pakt zwischen den Eltern, die ihren Kindern durch Erziehung und Liebe ein Trampolin ins Leben bauen, und der nächsten Generation, die sich später fürsorglich um die alt gewordenen Eltern kümmert. Wir brauchen in der Altersvorsorge den Pakt zwischen den Generationen, das heißt zwischen den Arbeitenden und den Ruheständler*innen. Wir brauchen für Frieden und Stabilität in einer zusammenwachsenden Welt gemeinsame Anstrengungen zur Sicherung des Notwendigsten für die Ärmsten der Armen, sonst werden wir viele Flugzeugangriffe auf Wolkenkratzer und Terroranschläge aller Art erleben. Wir sind Engel mit nur einem Flügel – aber eben nicht nur in dem romantischen Sinne, dass nur in der Liebe der Mensch zum Menschen wird.

Und paradoxerweise geht es bei alldem immer um Eigeninteresse, die Triebfeder hinter Kapitalismus und Marktwirtschaft. Ich selbst kann in meinem Leben nur dann glücklich und erfolgreich sein, wenn ich es nicht allein auf meine Interessen hin lebe, sondern mindestens gleichwertig auf die meiner Mitmenschen hin. Daher muss kein Pfarrer auf die Belohnung im Jenseits verweisen. Wir erhalten sie hier und heute durch die immense Befriedigung, aus dem begrenzten eigenen Kosmos zu treten, anderen zu helfen und sich als Teil eines Ganzen zu fühlen.

Inseln schaffen

Für den einen ist es der einstündige Morgenlauf im Park, für den anderen das abendliche Schaumbad. Für die eine ist es Musik hören im Flugzeug, für die andere zwei Stunden Yoga am Nachmittag. Für wiederum jemand anderen ist es das Lesen auf dem Sofa im Wohnzimmer, für noch jemand anderen am Klavier zu improvisieren. Und alle eint eines: das Bedürfnis, ab und zu für sich zu sein, seine eigene innere Stimme zu hören, zur Ruhe zu kommen. Manchmal allein, manchmal zu zweit oder auch im Kreis der Familie. Wir Menschen brauchen das, um Kraft zu haben für andere und für die Welt da draußen. Und Optimist*innen brauchen es schon ganz und gar, wollen sie ihre positive Energie und ihr inneres Leuchten behalten.

Internet

Nichts hat unsere Möglichkeiten während der uns vergönnten Zeit auf diesem schönen Planeten in den letzten Jahrzehnten umfassender verändert als die Digitalisierung und das Netz der Netze. Positiv wie negativ. In kaum einem anderen Bereich sind wir so gefordert, das Positive gewinnen zu lassen. Es liegt in unser aller Hand, wer hier gewinnt – die Optimist*innen oder die Pessimist*innen.

Ein kleiner Ausschnitt, was an Positivem möglich wird:

Bildung für alle – die ganze Menschheit kann kostenfrei lernen und hat unser gesamtes Wissen zu jedem Zeitpunkt und an jedem Ort vor und bei sich.

Künstliche Intelligenz managt unseren Alltag – vom Einkauf bis zur Terminplanung. Wir können uns auf all das konzentrieren, bei dem wir besser sind: Gefühle, Zwischentöne, Selbstbewusstsein, Intellekt, Kunst, Liebe, Empathie, Hilfe, Sinnlichkeit, Glück.

Alle Bücher, alle Filme und die gesamte Musik der Menschheit stehen überall und jederzeit jeder und jedem von uns zur Verfügung. Fast kostenfrei.

Überall wird die Programmgestaltung in unsere Hände gelegt: Autonomes Handeln ersetzt stupide Berieselung.

Die Dematerialisierung und die Möglichkeit des unendlichen Teilens entlasten Umwelt und Ressourcenverbrauch.

Statt ewigen Suchens in unwirtlichen Fußgängerzonen oder Baumärkten lässt sich jedes Produkt der Welt in kürzester Zeit nach Hause bestellen – ohne Aufpreis.

Jede Reise und jede Dienstleistung lässt sich vom Sofa aus

buchen – bei perfekter Preistransparenz und Kenntnis zahlloser Kund*innenmeinungen.

Statt stupideste Jobs ausüben zu müssen, um den Lebensunterhalt zu verdienen, werden wir irgendwann vielleicht ein Grundeinkommen haben und uns besser um Kinder, Kranke, Behinderte und Alte kümmern können.

Ohne irgendein Verkehrsmittel zu brauchen und sogar fast ohne Kosten können wir mit jedem anderen Menschen auf dieser Welt kommunizieren, per Stimme, Schrift, Bewegtbild und was sonst noch alles technisch machbar werden wird. Die gehbehinderte Oma kann mit ihrer Enkelin in Neuseeland chatten, sie können sich dabei sehen und Fotos und Filme austauschen.

Auch ein Großteil der Arbeit selbst in komplexen Teams lässt sich aus den eigenen vier Wänden heraus leisten.

All jenen, die sich schwertun mit Mobilität, wird ein kostenloses Fenster zur Welt geschenkt – mit aller Unterhaltung, Bildung, Information und Kommunikation.

Das Smartphone wird zum zweiten Mund, dritten Auge und Ohr.

Und wo ist die Chance größer, den Lieblingsmenschen zu finden? In einem Club – oder wenn ein durch gigantische Datenmengen und künstliche Intelligenz gefütterter Matching-Algorithmus einen Partner oder eine Partnerin empfiehlt, der oder die nach aller Erfahrung perfekt zu einem passen würde?

Unterbrechen wir hier mal kurz die lange Liste all der positiven Möglichkeiten, da sich eine perfekte Überleitung zu all den neuen Problemen und Gefahren ergibt:

Es mag ja sein, dass inzwischen bald die Hälfte aller Beziehungen im Netz der Netze entstehen. Aber gehen nicht genauso viele kaputt, weil jemand »aus Versehen« auf das Smartphone des anderen schaut und sich über das rote Herzchen wundert? Oder anfängt zu überwachen, wo er oder sie nach der Arbeit war?

Jedes neue Glück gefährdet altes. Und beim Internet ist dieser Mechanismus stärker und allumfassender denn je.

Wir können alles bestellen und konsumieren – aber werden dadurch zum gläsernen Menschen. Immer lesen und hören (zumeist amerikanische oder chinesische) Konzerne mit und nutzen den Blick in die Wohn- und Schlafzimmer auf ebenso vielfältige wie erschreckende Weise.

Wahlen werden gewonnen, indem den potenziellen Wähler*innen auf der einen Straßenseite das eine versprochen wird und denen auf der anderen etwas völlig Entgegengesetztes.

Digitale Meinungsblasen und Gruppierungen verhindern jeden vernünftigen Diskurs und pushen damit den Populismus in der ganzen Welt. Die individuelle Brille, die jede und jeder von uns bei der Sicht auf die Welt trägt, wird bestätigt und perpetuiert.

Verlässlichkeit wird zum Auslaufmodell, überprüfbare Wahrheit zum exklusiven Gut. Dafür werden wir von Fake News und extremen Meinungen geflutet.

Cybermobbing, Hassmails und Shitstorms graben dunkle Gänge in unser Hirn.

Der sogenannte IS rekrutiert im Netz, im Darknet lassen sich ungestraft Drogen und Waffen kaufen, Kinderhandel und Kinderpornografie blühen.

22-jährige Influencer*innen vermischen unverblümt Privates mit Werbung und verführen Kinder und Jugendliche in den sozialen Medien ohne Korrektiv.

Unsere Kinder verschmelzen mit ihren Handys, kriegen Entzugserscheinungen, haben sie mal keines. Alles steht immer zur Verfügung, also verlieren sie jegliche Geduld. Konstant soll Dopamin ausgeschüttet werden durch scheinbare Zuwendung und Likes. Das Fotografieren, Filmen und Teilen wird wichtiger als das Erleben selbst. I am what I share. »Günther hat sein Käsebrot fotografiert. 32 Freunden gefällt das.« Das ständig verbreitete Abziehbilderglück gefährdet das reale: Warum bin ich nicht auch im Sonnenuntergang am Strand oder bei der Party?

Statt aufrechtem Gang gekrümmte Symbiose mit dem Bildschirm, Zerhäckselung der Aufmerksamkeit, Immererreichbarkeit statt wache Präsenz, Entwertung der direkten Umgebung zugunsten einer nervösen Verbundenheit mit der Ferne, Rumdaddeln statt Leidenschaft und Gestaltungskraft, Handygepiepse statt spannender oder lustiger Gespräche beim Abendessen, Mails und Messages statt Meditation und Nichtstun, keine Leere mehr, aber das Gegenteil von Fülle. Digitale Sucht, digitale Demenz, digitale Depression.

Man könnte mit Positivem wie mit Negativem immer weitermachen. Es geht um unser ganzes Leben. Gehen wir's daher mit all unserer Kraft an. Der Ausgang des Kampfes ist unentschieden.

Aber wir können in den Fahrersitz, wenn wir uns nur energisch hineinsetzen und das Steuer übernehmen, anstatt es uns in den Bussen der amerikanischen und chinesischen Konzerne hinten bequem zu machen. Wir sind das Volk – ohne uns kann keiner. Das Netz sollte uns dienen – und nicht unterwerfen.

Ja statt Nein!

Reden wir vom Wetter. Es ist das Lieblingskonversationsthema unter Unbekannten – nicht nur in England. Weil es so unverbindlich wirkt, letztlich aber doch viel transportiert über die Einstellung der Menschen.

Manche fährt in den Urlaub auf eine ferne Insel, weil es zu nasskalt ist im Herbst zu Hause. Was ist die erste Reaktion nach Ankunft auf der Insel? Dass es zu heiß ist und sonnenbrandgefährlich.

Manch anderer liebt den Herbst in Mitteleuropa, weil man es sich mit einem Tee unter der Decke so schön gemütlich machen kann bei Kerzenlicht. Und wenn er doch in den Süden fährt, liebt er Sonne und Wärme auf seiner Haut.

Der Erste flucht über den Regen, die andere summt »Singing in the Rain« und schlägt ihren Mantelkragen einfach etwas höher.

Wer ist glücklicher, wer beliebter?

Es lässt sich an allem in der Welt herummäkeln: Der paradiesische Blick aus dem Hotel ist ein wenig verbaut, der Kaffee zu heiß, das Essen zu kalt. Das Bett zu weich, der Fön zu schwach, der Service zu schlecht.

Ja statt Nein ist die grundsätzlich überlegene Lebenshaltung.

Vorfreude steckt an, Begeisterung zieht mit. Glücksgefühle statt Griesgram, Lächeln statt heruntergezogener Mundwinkel.

Das bedeutet nicht, dass man alles gut finden sollte auf unserer Welt. Es gibt weiß Gott viel zu verbessern (→ Engagement). Aber: Nur wer die Dinge, die man ohnehin nicht ändern kann, zu schätzen weiß und aus diesen trotzdem Kraft zieht, wird sich mit Optimismus und Hoffnung an die Verbesserung des Veränderbaren wagen.

Jetzt!

Optimismus verlangt nach beidem: sich engagiert einsetzen für langfristige Projekte und ambitionierte Aufgaben (→ Ziele) und das bewusste Genießen der Gegenwart, so wie sie ist. Erinnerung ist lebenswichtig. Das merkt man angesichts der Tragik der Tabula rasa im Kopf von Alzheimerpatient*innen. Und ohne das Anstreben großer Zukunftsziele – sei es in Ausbildung, Beruf, in gesellschaftlichem oder politischem Engagement – ginge es nicht weiter mit der Menschheit, gäbe es keinen Fortschritt.

Nur: Wer zu stark in der Vergangenheit lebt oder alles in die Zukunft verschiebt, versäumt das Leben. Wer immer nur daran denkt, wie es irgendwann einmal sein wird, vernachlässigt die Magie des Augenblicks. Manches kann und sollte nicht warten (→ Just do it!).

Und wir alle wissen: Das Leben ist endlich und kann verdammt kurz sein. Jederzeit kann jede*n von uns Krankheit oder ein Unfall ereilen – und dann geht manches eben nicht mehr, was man vorher immer nur in die Zukunft verlagert hatte. Also wann, wenn nicht jetzt?!

Just do it!

Entschuldigen Sie den englischen Ausdruck, aber er ist einfach zu präzise und hat darüber hinaus die Aura des Originals. Es war der Marketingchef von Nike, der diesen Satz in einer E-Mail verwendete. Und er wurde nicht nur zum Claim einer der bekanntesten Marken der Welt, sondern – wie so häufig bei erfolgreicher Werbung – zum Ausdruck einer ganzen Lebenshaltung. Tu es, versuch es, setze es in die Tat um – anders wirst du nie die Wahrheit über die Möglichkeit des Gedachten und über dich selbst herausfinden. Und das Schöne daran ist: So wie bei jedem runden Geburtstag oder bei jeder Hochzeit der- oder diejenige einen Sympathiebonus bekommt, der oder die sich traut aufzustehen und eine Rede zu halten, einen Sketch zu gestalten oder ein Lied zu singen, so ist es auch allgemein im Leben. Wer mutig ist, wird oft belohnt. Ob es der erste Kopfsprung ist oder Bungee-Jumping, ob es die Teilnahme bei den Paralympics nach einem Unfall ist oder die schon lange notwendige Kündigung des verhassten Jobs – just do it.

Und was die Frage der Anglizismen im Deutschen anbelangt: Ende des 19. Jahrhunderts war ein bestimmter Prozentsatz der Wörter in der deutschen Sprache französischen Ursprungs, weil Frankreich weltweit nicht nur in der Diplomatie den Ton angab. 100 Jahre später ist in etwa die gleiche Menge englischen Ursprungs, weil die USA mit Hollywood, Internet, Mondlandung und vielem anderen das Land mancher Träume geworden sind. In 50 Jahren wird eine ähnliche Quote womöglich chinesisch beeinflusst sein, auch wenn dies sprachlich schwerer fällt.

Kinder

Die Natur kann uns kein schöneres Geschenk machen als Kinder. Sie bereichern uns unendlich, denn sie

… lassen uns unsere Kindheit wieder erleben und vermitteln uns dabei ein neues und starkes Gefühl von uns selbst und unseren Eltern

… lassen uns erkennen, dass primär die Gegenwart zählt

… zeigen uns offen, wie sehr wir gebraucht werden

… lassen uns Welt und Sprache neu erleben, wenn sie etwa fragen, ob Flugzeuge leben

… ermöglichen uns ein ganz neues Staunen über den Reichtum und die Schönheit dieser Welt

… schenken uns die Erfahrung, dass in unseren Herzen neben der Liebe für den Partner und die Familie noch Platz für ungeahnte neue Liebesgeschichten ist

… lassen uns rückwirkend wissen, wie schön ungestörte Nächte und Morgen waren

… konfrontieren uns mit der Unplanbarkeit des Lebens und relativieren so unsere vermeintliche Souveränität

… hinterfragen unsere Annahmen vom guten Leben, indem sie Sonnenuntergänge zu rot und lange Essen langweilig finden

... zeigen uns die Relativität von Erfolg, indem sie sich über fünf gefundene Kastanien mehr freuen als wir über eine fünfprozentige Gehaltserhöhung

... lassen uns nie stillstehen

... vermitteln uns das Gefühl von Kontinuität, wenn wir Stücke von uns in ihnen wiedererkennen

... schenken uns die Frage nach dem »Warum« wieder

... lassen uns Gewohntes in neuem Licht sehen, wenn sie feststellen: »Der Mond kann ja nicht ins Zimmer kommen, weil er keine Beine hat.«

... machen uns bewusster für den Zustand einer Welt, die wir nur leihweise haben und die wir den nächsten Generationen in einem menschenwürdigen Zustand übergeben sollten.

Ein Kind zu kriegen ist zweifelsohne einer der wesentlichsten Einschnitte unseres Lebens. Vorbei die laute Popmusik um Mitternacht. Vorbei das ausgedehnte Frühstück mit Orangensaft, Ei und Zeitung auf dem Balkon. Vorbei das Mal-eben-ins-Kino-Gehen am Abend und der Kurztrip nach Venedig am verlängerten Wochenende. Und was dafür? Durchwachte Nächte mit schreiendem Kind, Bauklötzchen auf dem Wohnzimmerboden, Unsicherheit, Bangen, feuchte Hände.

Sicher auch, aber nicht nur. Der Schwerpunkt des neuen Glücks verlagert sich vom Genuss der eigenen Existenz zum Weitergeben, vom Ego-Prinzip zum Prinzip Verantwortung. Wir sind weniger für uns selbst als für andere da – und dadurch auf höherer Stufe ausgefüllt und gefordert (→ Hilfsbereitschaft).

Im alten Ohrensessel dem kleinen Bündel die Flasche gebend fühlen wir uns plötzlich als Teil eines Ganzen, als Glied einer Kette, die uns hält und die wir halten. Wir geben weiter, was uns einmal gegeben wurde. Wir schützen vor allem, das bedrohen könnte, wir weihen ein in die Geheimnisse des Lebens, wir vermitteln Heimat und Geborgenheit. Und wir bauen den Kleinen ein Trampolin der Liebe, von dem sie einmal selbstbewusst in die Welt springen können. Gibt es Schöneres?

Das Kind ist ein Stück von uns selbst – und gleichzeitig ein ganz einmalig neuer Mensch mit unendlichem Reichtum an Chancen und Erwartungen. Alles ist unverstümmelt und voller Hoffnung – und wir Eltern dürfen dabei sein bei diesen ersten Schritten in ein Leben, in dem noch nichts schiefging und kein Traum begraben wurde. Mehr Optimismus geht nicht.

Krise

Optimismus als Lebenshaltung hat ja zwei sehr unterschiedliche Bedeutungen. Einmal, dass die Welt insgesamt als positiv zu beurteilen und es ein Geschenk ist, auf ihr sein Leben verbringen zu dürfen; und zum anderen, dass die Dinge, die nicht ideal sind auf ihr, mit Energie und Kreativität zum Positiven hin verändert werden können. Die erste Bedeutungsvariante ist eine Betrachtungsweise, die zwar zu Glück disponiert, bei der man aber aufpassen muss, dass kein Zweckoptimismus herauskommt, der alles golden übertüncht.

Spannender und dialektischer wird es bei der zweiten. Denn hier wird klar gesehen, dass die Welt alles andere als ideal ist. Es gibt Krieg und Kriminalität, Erdbeben und Elend, Hunger und Habgier, Umweltkatastrophen und Ungerechtigkeit, Mord und Mafia, Corona & Co. Mancher sagt, es kann keinen Gott geben, wenn die Welt, die er geschaffen haben soll, eine derartige sei. Und wahrlich: Die Anzahl von Herausforderungen, Krisen und

Geschehnissen, die einen den Glauben verlieren lassen können, ist erschreckend. Wir haben alle Hände voll zu tun, wollen wir nur das Schlimmste vermeiden und wenigstens auf einem der Schauplätze des Grauens etwas zum Positiven hin verändern.

Hier kommt der Optimismus zu sich selbst. Hier wird er zur ernst zu nehmenden und überlebenswichtigen Haltung. Erst in der Krise und Herausforderung wird er erwachsen und erlangt seine wahre Bedeutung. Als Schönwetterkapitän*in lächelnd durch ein privilegiertes Leben zu schreiten ist keine Kunst. Angesichts lebensbedrohender Gefährdungen der Menschheit nicht zu verzweifeln und sich leidend zurückzuziehen, sondern die Herausforderung anzunehmen und zu kämpfen, hingegen schon. In diesem Moment werden Optimist*innen zu Vorbildern und zum einzigen Licht in der Dunkelheit. Die Chinesen haben ein und dasselbe Schriftzeichen für Krise und Chance.

Bill Gates war schon immer Optimist. Er baute das zeitweise wertvollste Unternehmen der Welt auf mit einer in einer Garage geborenen Vision: einen PC für jeden Menschen als Schlüssel zu alltagsrelevanter Technologie und Bildung. Zum Vorbild und wahren Optimisten wurde er, als er mehr als die Hälfte seines Reichtums nahm und ihn seitdem zur Bekämpfung übermächtiger Geißeln der Menschheit verwendet. Die großen eigenen Mittel und Managementfähigkeiten einsetzen zur Linderung von Not, an der die Staaten der Welt verzweifeln, das wollen Bill und seine Frau Melinda. Hätten wir doch viel mehr von dieser Haltung unter uns (→ Vorbilder) – und wir könnten unseren Glauben wiederfinden und manche Krise meistern.

L

Lachen

Wer immer es gezählt hat: Kinder lachen 400-mal pro Tag, Erwachsene 20-mal. Tote – da muss man nicht zählen – lachen gar nicht. Lachen ist die wahrscheinlich sympathischste Art, die Kontrolle über sich zu verlieren. Es hat etwas so wunderbar Ansteckendes, wenn sich jemand ausschüttet vor Lachen. Wer nicht mehr lachen kann, lebt nicht mehr. Wir brauchen das Lachen, um optimistisch bleiben zu können – sei es beim Durchgekitzeltwerden eines Kindes, beim Quatsch, den Geschwister miteinander machen, beim Gespräch unter Freund*innen oder bei der zwerchfellerschütternden Comedy. Lachen lockert die Muskeln, befreit aufgestaute Emotionen und setzt Glückshormone frei, sagen die Expert*innen. Ein indischer Arzt fand gar heraus, dass zwei Minuten Lachen für Körper und Geist so gesund wie 20 Minuten Joggen sind.

Wenn man Ehepaare, die länger als 50 Jahre glücklich miteinander verheiratet sind, nach ihren Geheimrezepten fragt, kommt eines immer: Humor. Wer nicht über sich und andere lachen kann, erträgt das Leben spürbar schlechter. Wer nicht seinem eigenen Scheitern auch komische Seiten abgewinnen kann, wird eher wirklich scheitern. Und selbst unheilbare Krankheiten – und die erfordern die hohe Schule des Optimismus – lassen sich besser mit Humor ertragen.

Lächeln

Lächeln ist die kleine, schüchterne Schwester des Lachens. Auf magische Weise werden die Mundwinkel zu Botschaftern einer inneren Haltung und ziehen die Mitmenschen in ihren Bann. Jedes Lächeln ist anders. Im Lächeln des Dalai Lamas schwingt die Tradition des Buddhismus, in dem der Mona Lisa das Geheimnis der Frauen. Lächeln macht gute Laune – dem Lächelnden selbst und seiner Umwelt. Es ist ein Signal nach innen und nach außen. Es lässt die Welt sofort schöner erscheinen, so wie die Sonne das schafft, wenn die Wolken aufreißen. Der Gang durchs Leben ist für den Lächelnden ein Spaziergang in der Frühlingssonne. Was für ein Unterschied, ob sich der Nachbar im Flugzeug lächelnd neben einen in den engen Sitzplatz presst oder mit abweisender Miene. Ein weises chinesisches Sprichwort besagt: »Wer nicht lächeln kann, soll keinen Laden aufmachen.« Und Expert*innen sagen, ein Baby suche in den ersten sechs Monaten bis zu 30 000 Lächelbegegnungen mit seiner Mutter.

Die beiden Schwestern haben einen Bruder. Er heißt Optimismus.

Liebe

Sie kennen die Geschichte vom ILD, der wohl wichtigsten Gefühlsäußerung des Menschen, oder? Sie ahnen, welchen Ausdruck die drei Buchstaben abkürzen?

Seine Geburt erlebt das ILD im Kopf, dort gewinnt es an Kontur und Stärke. Es schafft sich Raum, ziemlich schnell oft, und will raus. Es will wahrgenommen werden, will schreien vor Freude. Nur werden ihm erst mal Schranken vor die Nase gesetzt, es wird eingemauert in Herz und Seele und nur ganz Vertrauten kurz offenbart. Die Person, für die es gedacht ist, muss oft warten, bis sie es in seiner ganzen Macht und Schönheit wahrnehmen darf. Sie spürt seine Anwesenheit vielleicht schon, aber erst Hören oder Sehen ist Glauben. So verharrt es im dunklen Inneren, ist fiebrig vor Aufregung, ob es sich denn bald im Spiegel anschauen kann, und bereitet seinem Gastgeber oder seiner Gastgeberin manch unruhige Nacht.

Dann endlich lüftet der wenigstens ein wenig den Vorhang, lässt ahnen, ganz scheu und voll Vorsicht. Zu entscheidend ist die Eröffnung, lebensverändernd gar – und immer stellt sich die brennende Frage, ob das ILD allein in der Welt stehen wird in seiner imposanten Statur oder ob es sich vereinen kann mit einem anderen seiner Art zu himmlischer Erfüllung.

Der Mut wächst, und versteckt wenigstens darf es heraus – in Andeutungen, zärtlichen Berührungen, zu langen Blicken, Rosen und Herzen.

Und eines Abends schließlich oder nach einem langen Kuss oder einfach so darf es das Licht seiner Welt erblicken, einer ganz kleinen Welt aus zwei Menschen, die aber die größte und schönste aller Welten ist. Und der Moment verändert alles.

L

Beide, Sender wie Empfänger, werden ihn nie vergessen. Und wie langweilig es auch sein mag, Bestätigung zu hauchen, dass im Gegenüber auch ein ILD herangewachsen ist, so leidenschaftlich ersehnt ist diese Bestätigung in diesem Moment. Dann dreht sich die Erde ein wenig schneller, und die Sonne scheint heller für beide (→ Genuss).

Und weil es so schön ist, fangen beide, die vorher nur Blicke und Körper haben sprechen lassen, die Übereinstimmung zu bestätigen an, immer wieder, und es gibt keine schöneren drei Wörter (das Italienische nur schafft es schneller: fünf Buchstaben in zwei Wörtern). Gehaucht oder gerufen, verklausuliert oder in den Strand geschrieben, eingraviert oder auf den Badezimmerspiegel geschmiert – es ist wie eine Droge zu wissen, dass man es selbst in sich trägt und der andere auch. Früher war es die Post, dann das Telefon, jetzt die Kurznachricht auf dem Handydisplay: Ganze Industrien leben davon, dass das immer Gleiche in immer unterschiedlichen Formen gesagt wird. Geistlose lesen in Ratgebern, wie sie es ein wenig anders ausdrücken können.

In dieser Lebensphase des ILD taucht zum ersten Mal die Frage auf, ob man es heute eigentlich schon mal gesagt habe. Sie ist natürlich zu verneinen, um dem Fragenden eine weitere Chance der Artikulation zu gewähren.

Man kann es gar nicht oft genug sagen oder hören. Nur wird es deshalb zwangsläufig zur Floskel, und jetzt heißt es aufpassen. Die Sensiblen, die in der Anfangsphase schon gewarnt haben, man müsse sich das Outing sehr genau überlegen, warnen spätestens jetzt vor inflationärem Gebrauch. Sie brüskieren gern, indem sie sich das »Ich dich auch« sparen, um nicht vorhersehbar zu wirken.

Das Leben geht weiter, der Blick wird schärfer, die Krisen nehmen zu. Was vorher als Idealbild eines Menschen erschien, erweist sich unmerklich als Mensch wie du und ich. Was vorher als ideale Harmonie zwischen Liebenden erschien, erweist sich im Alltag durchaus als krisenanfällig. Und plötzlich wird das ILD, vorher noch strahlend in den Raum gestellt, zum beschwichtigenden Doch-doch-natürlich-trotz-allem-weiterhin. Was vorher »unerschütterlich« und »für immer« signalisierte, muss plötzlich überzeugen, es sei nicht vorbei. Und ab und zu muss es gar dazu herhalten, Ausreden zu vertuschen.

Was für eine Lebenskurve: von der Säule zum Strohhalm! Und da Halme knicken können, müssen sie gestärkt werden – durch Ausleger wie »unendlich« oder »mehr denn je«. Das ILD allein in seiner kompromisslosen Strahlkraft scheint nicht mehr zu reichen.

Der Prozess dauert lang. Und er ist alles andere als linear. Es geht auf und ab mit der Verliebtheit, und sie flackert immer wieder auf.

Der Weg vom Verliebtsein (→ Verliebtheit) zum Lieben ist die entscheidendste Phase des gemeinsamen Lebens zweier Menschen. Aus den aufregenden Stromschnellen der Bäche muss die selbstverständliche Kraft des Stromes werden. Die Verliebten müssen Tiffany's verlassen und sich in den Straßen von New York zurechtfinden. Sie müssen aus dem Rolls-Royce steigen, der sie durch die Flitterwochen gefahren hat, und sich in den Volkswagen des Alltags bequemen. Sie müssen vom Schmetterling zum Adler werden und aus der Vergänglichkeit des Rauschzustandes heißer Verliebtheit etwas anderes, noch viel Stärkeres entstehen lassen: die innige Vertrautheit großen gegenseitigen Verständnisses und optimistisch gemeinsam gestalteten Lebens. Dann erst entsteht wirkliches Glück, lebenslang.

Liebe verhält sich zu Verliebtheit wie Erwachsensein zu Kindheit. Natürlich fällt es schwer, Unbefangenheit, Spontaneität und reines Gefühl aufzugeben und stattdessen zu planen, zu gestalten und Verantwortung zu übernehmen – aber die Anstrengung wird sich lohnen, da nur so Heimat und Verlässlichkeit entstehen.

Wir leben im Zeitalter einer umfassenden Infantilisierung. Alle wollen wir das Kind in uns lebendig halten, alle wollen wir (und schaffen das auch zunehmend) jung bleiben an Geist, Seele und Körper. Zeit und Alterung sollen ausgehebelt werden. Wenn Verliebtheit in der Liebe erwachsen wird, dann ist die Skepsis diesem Prozess gegenüber auch ein Ausdruck unserer Sehnsucht nach lebenslanger Kindheit und Jugend. In unserer Werteskala steht die atemlose Verliebtheit fälschlicherweise höher als der lange Atem einer andauernden Liebe.

Was aber lässt sich dem Paar raten, das mit großem Optimismus aus Verliebtheit Liebe machen will, aus Liebe vielleicht Ehe und daraus eventuell Kinder?

Den eigenen Weg jenseits aller Standards zu suchen und dabei der inneren Stimme zu vertrauen. Das Glück in sich selbst zu suchen. Offen zu sein für all die Veränderungen, die Liebe erst lebenslang spannend machen, und trotzdem dem oder der Partner*in das schöne Gefühl von Sicherheit und Verlässlichkeit zu geben. Innerlich lächeln zu können. Immer da zu sein für seine*n Partner*in, in Glück und Unglück, Freude und Schmerz. Ihn zu unterstützen, wo immer das geht.

Raum zu geben für eigene Entwicklung, immer wieder den oder die andere*n zu überraschen, aufmerksam zu bleiben, sich nicht gehen zu lassen und die Erwartungen aneinander nicht zu hoch zu schrauben.

Von elementarer Bedeutung sind Geduld, Vertrauen, Respekt, Zärtlichkeit, Verlässlichkeit und das Bemühen um Verständnis. Dazu gesellen sich drei Grundhaltungen: Humor, denn anders ist das Leben mit einem anderen Menschen nicht erträglich; Akzeptanz des oder der anderen, wie er oder sie ist, denn verändern kann man Erwachsene ohnehin nicht (und hat auch kein Recht dazu); und Großzügigkeit in einem ganz weiten Sinne.

Wer das halbwegs lebt, hat allen Grund zu Optimismus, lebenslang zu lieben und geliebt zu werden. Gibt es etwas Schöneres?

M

Menschlichkeit

Was für ein vager Begriff – und doch so ein schöner. »Wir alle sind nur Menschen«, »Das ist nur allzu menschlich«, »Er ist ein Mensch geblieben« oder »Es menschelt überall« sind stehende Ausdrücke, in denen der Begriff nur begrenzte Farbnuancen findet. Es geht vielmehr um ein großes Dach, unter dem sich sehr vieles sammelt, das für Optimismus wichtig ist. Zum Beispiel, dass wir trotz allen Ehrgeizes (→ Ziele) und Strebens (→ Engagement) doch begrenzt sind in unseren Fähigkeiten und Möglichkeiten. Wir haben viele Stärken, aber auch große Schwächen (→ Geduld). Wir mögen im Kino gerne Supermänner beobachten, sind es selbst aber nicht. Wenn wir weise sind, nehmen wir unsere Schwächen mit Humor (→ Lachen). Das macht es leichter, die der anderen zu akzeptieren (→ Toleranz) und zu würdigen, wie unterschiedlich jeder damit umgeht (→ Respekt). Wir sind nicht immer mutig (→ Zivilcourage) und trauen uns nicht alles zu (→ Risikobereitschaft), versuchen aber, unser Leben mit Würde und Anstand zu meistern. Mal folgen wir klaren Prinzipien (→ Charakter), mal mehr der momentanen Laune (→ Spontaneität). Wir können gar nicht glauben, wie gut es uns und unserer Familie manchmal geht (→ Dankbarkeit), und sind sprachlos angesichts der ganz großen Gefühle

(→ Verliebtheit). Wir wissen, dass wir ohne andere nicht können (→ Familie, → Freundschaft), und spüren, dass dies keine Einbahnstraße sein kann. Daher verdrücken wir Tränen, wenn es anderen schlecht geht (→ Anteilnahme), und stehen bereit, wenn wir von anderen gebraucht werden (→ Hilfsbereitschaft).

Dass wir so sind, wie wir sind, lässt uns manches Mal verzweifeln. Meistens aber sehen wir ganz optimistisch in die Welt. Bleiben wir, wie wir sind!

Wie singt Herbert Grönemeyer?
»Der Mensch heißt Mensch
Weil er irrt und weil er kämpft
Weil er hofft und weil er liebt
Weil er mitfühlt und vergibt
Weil er lacht und weil er lebt.«

Mitte

Wir mögen es weder zu heiß noch zu kalt. Wir hungern ungern, wollen uns aber auch nicht sinnlos den Bauch vollschlagen. Wir haben gern Arbeit und Verantwortung, aber in zu bewältigender Menge – wollen weder arbeitslos noch ständig im Stress sein. In der Politik lieben die meisten von uns keine Extreme, ob nun links oder rechts. Und bei unseren Kindern ist es nicht anders: Sind sie im Babyalter, träumen wir davon, einmal eine Nacht nichts von ihnen zu hören, und achtzehn Jahre später davon, wenigstens alle drei Tage mal angerufen zu werden. Kurzum: die Dosis macht's, und in der Mitte lebt es sich am besten. Das mag langweilig klingen, ist aber ein Rezept für ein langes, optimistisches und gesundes Leben.

Nachhaltigkeit

Die Geschichte der Nachhaltigkeit beginnt im Wald. Als ihr »Vater« wird der Freiberger Oberberghauptmann Hans Carl von Carlowitz (1645–1714) gehandelt. Seine Idee war simpel: Um nachhaltig zu handeln, sollte in einem Wald nur so viel abgeholzt werden, wie in absehbarer Zeit auf natürliche Weise wieder nachwächst. So bliebe immer genügend Bestand für die nächsten Generationen.

Ja, wenn es nur so einfach wäre mit der Nachhaltigkeit. Wachstumszwang, Globalisierung und Konsumlust haben dazu geführt, dass wir mehr verbrauchen, als uns und dem Planeten guttut. Der »Earth-Overshoot-Day« oder Erdüberlastungstag misst den ökologischen Fußabdruck der Menschheit. Er definiert den Tag des Jahres, ab dem wir mehr natürliche Ressourcen verbrauchen, als die Erde produziert. Dieser Tag liegt seit Langem jedes Jahr ein wenig früher im Kalender, und wir verbrauchen etwa eindreiviertel mal so viel wie die Erde pro Jahr produzieren kann. Hier hatte Corona übrigens mal etwas Gutes: 2020 ist der Tag erstmals wieder fast drei Wochen nach hinten gewandert und war am 22. August.

Doch reicht die einmalige Trendumkehr für nachhaltigen

Optimismus? Artensterben, Klimawandel, Ausbeutung von Menschen in Entwicklungsländern, Müllberge, Wasserarmut, Überzüchtung von Tieren, Rodung des Regenwaldes, globale Temperaturerhöhung, Kohlendioxid-Ausstoß, Gletscherschmelze, Pestizide ... die globalen Herausforderungen sind gigantisch. Und manch einer fragt sich, wie man anhand der ganzen schrecklichen Szenarien noch optimistisch an eine positive, nachhaltige Zukunft glauben kann. Katastrophenbilder lähmen und provozieren Abwehrhaltungen. Wer hat nicht schon mal einen Satz gehört wie: »Wenn die Welt eh untergeht, kann ich ja auch nochmal mit 200 Sachen über die Autobahn brettern.« Doch damit ist niemandem geholfen. Eher mit Schnitzel- oder Flugscham, die in bestimmten Kreisen gerade hoch im Kurs stehen. Solange aber Fleisch und Fliegen subventioniert werden und ihre Preise nicht ihren Ressourcenverbrauch und ihre wahren Kosten widerspiegeln, wird es noch lange dauern, bis sich unser Verhalten weltweit nachhaltig ändert.

Aber es gibt weiß Gott auch genug positive Nachrichten in Sachen Nachhaltigkeit. 2015 hat die UN 17 globale Ziele für die nachhaltige Entwicklung, die Sustainable Development Goals (SDGs), entwickelt. Diese richten sich an alle: die Regierungen weltweit, aber auch die Zivilgesellschaft, die Privatwirtschaft und die Wissenschaft. Sie gehen uns alle an.

Und es bewegt sich etwas auf allen Ebenen. 2016 haben 175 Staaten das Pariser Klimaabkommen unterzeichnet und sich verpflichtet, einen nationalen Klimaschutzbeitrag zu erarbeiten. Viele Unternehmen gehen noch weiter, sie wollen die Klimaziele vor 2050 erreichen und starten zahlreiche branchenübergreifende Initiativen. Ein Katalysator dieser positiven Entwicklung ist sicher auch der Druck, der durch die Fridays-for-Future-Bewegung entstanden ist. Man mag den Schüler*innen und

Studierenden alles Mögliche vorwerfen, aber sie haben eine Diskussion zum Thema Nachhaltigkeit und Klimawandel in der Mitte der Gesellschaft losgetreten, weltweit. Sie kaufen Secondhandmode und manche erklären ihren Eltern beim Abendbrot, dass sie nicht mehr mit ihnen in den Urlaub fliegen wollen – wegen des Kohlendioxid-Ausstoßes des Flugzeugs. Es geht nicht um Autoverbote, sondern darum, wie wir unsere Städte fahrradfreundlicher und lebenswerter gestalten können. Nicht um den Zwang zum Vegetarismus, sondern um genussvolle Alternativen jenseits von Sojaschnitzeln. Nachhaltigkeit braucht innovative Ideen, unbändigen Mut und globalen Optimismus – dann können wir es gemeinsam für die nächsten Generationen schaffen.

Neugier

Das Stichwort »Neugier« kommt mit einem schweren Rucksack in unser Blickfeld. Man denkt an die Ermahnung Erwachsener an Kinder »Sei doch nicht so neugierig«, und Gier ist ja nicht unbedingt eine positive Eigenschaft. Aber sei's drum: Für Optimist*innen ist eine gewisse Neugier lebenswichtig. Impliziert sie doch den Glauben, dass es sich lohnt, ein wenig vorwitzig zu sein und das Unbekannte zu erforschen. Wenn es etwas Spannendes zu entdecken gibt, wagt man sich heraus aus der üblichen Deckung. Als wie lasch empfinden wir Jugendliche, die nicht neugierig das ihnen Unbekannte entdecken möchten! Und welche Unternehmer*innen wären schon solche (und keine Unterlasser*innen), wären sie nicht neugierig auf neue Produkte und Chancen.

Gäbe es keine Neugier, würde sich Forschung in der Bestätigung des Althergebrachten erschöpfen. Gäbe es keine Neugier, gäbe es auch wenig Anlass für Nobelpreise. Amerika wäre nie entdeckt worden, Hollywood würde sterben, der Journalismus verdorren und ein Buch wie das vorliegende nie erscheinen.

Und wem diese Argumente zur Ehrenrettung der Neugier nicht ausreichen, soll sich doch schnell dem nächsten Stichwort zuwenden (→ Offenheit), welches sich dem gleichen Phänomen von einer anderen Perspektive her nähert.

Offenheit

Im Gegensatz zum vorherigen Stichwort (→ Neugier) startet die Offenheit ohne Gepäck auf dem Rücken ins Rennen für den Optimismus. Sie lässt die Dinge eher geschehen, kann sich auch zurücklehnen und steckt ihre Nase nirgends vorwitzig hinein. Sie drängt nicht, sondern bleibt gelassen und gibt dem Schicksal seine Chance. Offenheit umreißt eine wunderschön optimistische Grundhaltung der Welt gegenüber. Sie strahlt aus, dass es sich lohnt, in dieser Welt zu sein, dass sie spannend ist, voll von Reizen und Überraschungen. Sie verweigert sich in fast kindlicher Weise den Autobahnen des Denkens. Sie hält alle Sinnesorgane offen für die Abenteuer, die auf uns warten. Was für eine grundsätzlich andere Lebenshaltung als die jener, die verbohrt in vorgefertigten Meinungen verharren und damit alle Möglichkeiten kappen, sich überraschen zu lassen, zu lernen und Vielfalt zu schätzen (→ Xenophilie, → Toleranz).

Das Leben wird für Optimist*innen immer eine Reise sein. Sie gehen einfach im tiefsten Herzen davon aus, dass sich die Anstrengung lohnt, weil so viel Spannendes hinter dem Horizont auf sie wartet.

P

Partnerschaft

Eine in den Westen geflohene Russin bemerkte einmal, in den armen Schichten Russlands stehe man in der Ehe Arm in Arm nebeneinander, um bei der Bewältigung des Alltags gemeinsam stärker zu sein. Sie habe den Eindruck, dass sich Eheleute im Westen hingegen oft gegenüberstünden mit einer Fülle von unnötigen inneren Konflikten zwischen sich, die sie eher schwächen würden im Kampf mit der Außenwelt.

Da ist viel Wahres dran. Antoine de Saint-Exupéry sekundiert: »Liebe besteht nicht darin, dass man einander anschaut, sondern dass man gemeinsam in dieselbe Richtung blickt.«

Funktioniert eine Partnerschaft, ob privat (→ Freundschaft, → Liebe) oder sportlich oder geschäftlich, ist sie das Netz unter dem Seil, auf dem die Optimist*innen durchs Leben schreiten. Der Optimismus hinter der klassischen Partnerschaftsformel »1 + 1 = 3« ist so stark, dass er die Gesetze der Mathematik auszuhebeln scheint (und eine ironische Wendung dieses Bruches aller Arithmetik ist es, dass das gemeinsame Kind von Partnern in Liebe die Ungleichung dann doch wahr werden lässt …). Es gibt nichts Schöneres als das Gefühl, sich zu ergänzen, sich aufeinander verlassen zu können, sich rückhaltlos zu vertrauen, sich ohne Worte zu verstehen und sich nahe zu sein in Grundein-schätzungen und Werten. Partnerschaft holt uns aus dem Schne-ckenhaus der existenziellen Einsamkeit, und ihre Rituale zeleb-rieren das Verbindende zwischen Menschen in einer Welt voll Terror und Gewalt.

Ja oft sogar rettet sie Leben, wie etwa folgendes Experiment beweist. Es wird von führenden Bildungsinstitutionen verwen-det, um Student*innen klarzumachen, dass partnerschaftliche Teamarbeit immer besser ist als Einzelanstrengung:

Die Student*innen werden gebeten sich vorzustellen, sie seien bei 50 Grad Hitze und voller Sonneneinstrahlung mit einem klei-nen Flugzeug in einer Wüste notgelandet. Der nächste Ort sei 20 Kilometer entfernt. Welche acht Utensilien würden ihre Über-lebenschancen optimieren? Die vorgelegte Auswahlliste enthält zum Beispiel ein Kilogramm Salz, einen Spiegel, ein Messer oder eine Decke.

In der ersten Runde muss jede*r die Wahl für sich treffen. Ein Computer errechnet die Wahrscheinlichkeit des Überlebens. Sie-ger*in wird meistens jemand, der oder die mal lange in einer Wüstenregion lebte.

Dann werden möglichst heterogene Teams von jeweils sechs Personen gebildet, die sich der gleichen Aufgabe stellen. Lange Diskussionen entspinnen sich etwa um die Frage, ob man beim Flugzeug bleiben oder sich auf den Weg zum nächsten Ort ma-chen sollte. Nach der gleichen Zeitspanne wie in der ersten Runde werden die Ergebnisse eingesammelt und ebenfalls ausgewertet.

Und was kommt immer heraus? Selbst die schlechteste Gruppe hat bessere Überlebenschancen als der einzelne Wüstenprofi.

Wenn Partnerschaft kein Grund zum Optimismus ist …

Ein Blumenstrauß für all jene, die es merken. Beim schönen Buchstaben Q hätte es zu viel Verrenkung erfordert, um ein sinnvolles Stichwort zu finden. »Querdenken« wäre vielleicht gegangen, verbietet sich aber leider seit den Anti-Corona-Demonstrationen. Optimismus darf nicht zum Zweck-optimismus verkommen. Es reichte schon beim Buchstaben Y (→ Yamoussoukro-Syndrom) …

Respekt

Respekt ist eine Geisteshaltung, die unser gesamtes Verhältnis zur Außenwelt (und letztlich auch zu uns selbst) durchzieht und prägt. Er erleichtert unser aller Zusammenleben auf dem Globus enorm. Respekt vor Tieren, Pflanzen und unserer gesamten Umwelt ist Ausdruck ganzheitlichen Denkens und führt zu einem Verantwortungsgefühl der uns geliehenen Erde gegenüber, das überlebensnotwendig ist. Und jedem unserer Mitmenschen gegenüber sollten wir Respekt haben, denn er oder sie verdient ihn auf irgendeine Weise. Jeder und jede trägt etwas zur Vielfalt des Menschseins bei (→ Toleranz, → Xenophilie), und zwar vollkommen unabhängig von Hautfarbe, politischer Überzeugung, Religion, sozialer Schicht oder Bildung.

Unser ganz besonderer Respekt gebührt – wie in vielen Kulturen fest verankert – den Älteren. Ihnen verdanken wir uns und eine enorme Lebenserfahrung und Weisheit, die wir brauchen, um gut durchs Leben zu kommen. Fast spiegelbildlich verdienen die Kinder dieser Welt allen Respekt, denn in ihnen und ihren neugierigen Augen liegt die Zukunft. Wer Kinder missachtet, versündigt sich gegen das Leben und die Hoffnung und verliert selbst jedes Recht auf Respekt.

Und Respekt voreinander ist ein Geheimnis langjähriger glücklicher Liebe …

Risikobereitschaft

Pessimist*innen scheuen das Risiko wie der Teufel das Weihwasser. Alles kann schließlich schiefgehen – und wird es auch eher, wenn man nur intensiv genug daran glaubt. Ohne Risikobereitschaft aber gibt es keinen Fortschritt, keine Veränderung, keine neuen Horizonte. Deshalb ist es gut und richtig, wenn im Wirtschaftsleben Risiko durch bessere Ergebnisse belohnt wird. »Wer wagt, gewinnt«, sagt der Volksmund. »Dem Mutigen gehört die Welt«, sagt er denn auch.

Beim Risiko geht es um alle Lebensbereiche. Es geht um das Liebesgeständnis oder das mutige Aufstehen für die richtige Sache, um ein ehrliches Wort oder einen Berufswechsel. Das ist die individuelle Ebene. Auf der allgemeineren waren es immer wagemutige Forscher*innen und Entwickler*innen, die der Menschheit Neuheiten schenkten, die unser Leben bunter, schöner, vielfältiger und sicherer gemacht haben. Ohne solche Menschen gäbe es all das nicht, das man noch vor 200 Jahren als Wunder erachtet hätte. Dass zwei Menschen in 14 000 Kilometer Entfernung miteinander reden und sich seit Neuestem sogar dabei sehen können. Dass sich einer von den beiden sogar auf einem Schiff befinden kann und der andere auf dem Gipfel eines Berges. Dass sich die gesamte Lieblingsmusik eines Menschen in einer kleinen flachen Kiste transportieren lässt. Dass mit dem Druck einiger weniger Tasten das Wissen der Menschheit abrufbar ist, ob im Dschungel oder am Nordpol. Dass der Mensch (nach Loriot) das einzige Wesen ist, das fliegend eine warme Mahlzeit einnehmen kann. Dass ein Patient nach dem Herausnehmen seiner Galle durch mikroinvasive Chirurgie am nächsten Tag schon wieder Kaffee trinken gehen kann. Dass das menschliche Genom gänzlich entschlüsselt ist und so der Weg frei wird für den Ausschluss vieler erblicher Krankheiten. Und dass Craig Venter, der Mann dahinter, inzwischen darüber nachdenkt, die globale Erwärmung durch erhöhten Kohlendioxidausstoß dadurch zu vermeiden, dass er Kohlendioxid durch den Einsatz spezieller Bakterien in Kerosin verwandelt und damit zugleich das Energieproblem der Welt zu lösen hilft.

Alle diese Entwicklungen tragen Risiken in sich. Hätten die Entwickler*innen nur darauf geschaut, hätten wir nie geschafft, was uns zu vorsichtigem Optimismus Anlass gibt. Fixierung auf das Risiko allein lähmt und wird so Anlass zu Pessimismus.

Zum Abschluss eine besonders schöne Geschichte: Der schwedische Industrielle Alfred Nobel entwickelte im 19. Jahrhundert das Dynamit. Antrieb für ihn war, Arbeiten an gefährlichen Baustellen wie im Tunnelbau oder bei der Errichtung von Brücken für die Bauarbeiter sicherer zu machen. Im Laufe seines Lebens musste Nobel mit Erschrecken feststellen, dass seine Entwicklung auch höchst negative Dinge ermöglichte: Dynamit wurde zur Basis zahlreicher Waffen und damit zu einem nicht mehr wegzudenkenden Element moderner Kriegsführung. Es war diese desillusionierende Wahrnehmung eines durch und durch optimistisch gestimmten Menschen, die ihn dazu veranlasste, in seinem Testament etwas in die Welt zu setzen, das der Menschheit seitdem immer wieder Anlass zu Hoffnung gibt und zahlreiche Optimist*innen auf das Schönste feiert: den Nobelpreis, der Jahr für Jahr großzügigst von der durch Nobel hinterlassenen Stiftung finanziert und getragen wird. Optimismus kennt viele Wege …

Rituale

Wir wünschen uns täglich »Guten Morgen« und »Gute Nacht« und lieben immer gleiche Sonntagsfrühstücke. Wir sagen uns »Mach's gut« oder – hinter der Bühne – »toi, toi, toi«. Wir rufen uns vor Flügen »Flieg vorsichtig!« zu. Wir senden Glückwünsche an Geburtstagen, singen »Happy Birthday« und blasen Kerzen aus. Wir feiern Weihnachten und Ostern nach festgelegten Traditionen und definieren dabei Familie und Zusammengehörigkeit stärker, als uns bewusst ist. Das merkt man erst, wenn man plötzlich nicht mehr dazugehört.

Rituale mögen für Pubertierende und andere grundsätzlich Zweifelnde und Hinterfragende schrecklich langweilig, oberflächlich und unnütz sein. Sie sind es auch. Aber in einer anderen Dimension des Lebens sind sie unendlich wichtig. Sie ermöglichen Vorfreude und geben Sicherheit. Sie stabilisieren Leben, Liebe und Freundschaft. Rituale sind das Rückgrat des Optimismus.

Noch ein sehr süßes zum Schluss: Seit Jahren schon stellen sich zwei Ehepartner jeden Morgen neu dem Wettbewerb, wer dem anderen zuerst sagt, dass er ihn liebt …

S

Schicksal

Wie viel in unserem Leben bestimmt ist von freiem Willen und persönlicher Entscheidung und wie viel von Schicksal und Einflüssen, die wir nicht kontrollieren können, ist Gegenstand der Philosophie und Theologie seit Jahrtausenden. Wirklich weiß es niemand. Es ist aber ein Zeichen von Optimismus anzunehmen, dass nicht alles vorgegeben ist, und ein Zeichen von noch mehr Optimismus, dass das Vorgegebene es nicht nur schlecht mit uns meint und die Götter uns gnädig zulächeln. Optimismus braucht es auf beiden Seiten: auf der des kraftvollen und selbst bestimmten Handelns und auf der des Umgangs mit dem Schicksal.

Bei großen Unglücksfällen, Unfällen und medizinischen Katastrophen stellt sich die Frage nach dem freien Willen nicht. Optimismus aber leuchtet auch hier zwischen all den Tränen und all der Gram durch. Menschen, die Krebs hatten oder einen schweren Sportunfall, ihr Leben aber dann doch wieder in den Griff bekamen, reden fast durchgehend auch vom Schicksal als Chance. Sie sagen immer wieder, dass sie jetzt bewusster leben, mit offeneren Augen durch die Welt gehen und alles genauer beobachten und dankbarer genießen würden. Das Schicksal kann auch in seinen schlimmsten Ausprägungen positive Aspekte haben. Und was kann eine größere Hymne auf den Optimismus sein als die Tatsache, dass jemand sein Leben trotz Behinderung und trotz Schmerzen als intensiver empfinden kann als das »normale« vor dem Schicksalsschlag?

Schlaf

Er ist ein Geschenk des Himmels, aber auch ein zweischneidiges Schwert. Denn wer wünscht sich schon schlechte Träume, kranke Kinder, senile Bettflucht, Rückenschmerzen oder Lärmbelästigung während der Nacht? Vieles lässt sich leider nicht ändern und zerrt am Nervenkostüm. Da helfen die besten Ratgeberbücher nichts.

Und sicher gibt es auch Menschen wie Napoleon, die mit wenigen Stunden Schlaf jede Nacht auskommen.

Aber trotzdem: Wenn es denn geht, sollte man den Schlaf in vollen Zügen genießen – und zwar ausreichend. Dass das der Schönheit nützt, erzählt jedes Model und jede zweite Schauspielerin. Die Wirkung geht aber tiefer und ist viel existenzieller. Es geht um Spannkraft, Gelassenheit und Energie, um Souveränität und Unbeschwertheit. Solche mentalen Faktoren beeinflussen sehr, wie optimistisch jemand durch sein Leben geht.

Für die meisten arbeitenden Menschen gibt es eine sicher zu allgemeine, aber doch ganz weise Richtschnur: ein Drittel des normalen Werktages für die Arbeit, ein Drittel für Nahrungsaufnahme, Familie, Freunde, Sport, Spiel und Entspannung und ein Drittel für den Schlaf.

Also schlafen Sie gut!

Selbstvertrauen

Sag dir selbst, wie gut du bist – du weißt es schließlich am besten. Was für ein schönes Wort: Selbstvertrauen. Trau dich. Trau der Macht der Gedanken. Du kannst so viel mehr, als man dir einredet. Die Angst und das Zittern, ob man es schafft vom 3-Meter-Brett, sind meist schlimmer als der Sprung selbst. Und jeder Mann, der Frauen wiedertrifft, die ihn mal interessierten, bei denen er sich aber nicht traute, es ihnen zu zeigen, wird bestätigen, wie oft sie nur gewartet haben auf die zärtliche Berührung oder den ersten Kuss. Vertane Chancen, fehlendes Selbstvertrauen. Wie schön ist es dagegen, den inneren Schweinehund zu überwinden und es wenigstens zu versuchen, selbst wenn es mal nicht klappen sollte.

PS: »Liebe dich selbst und es ist egal, wen du heiratest« – heißt ein wunderbares Buch über die Ehe.

Sinn

Der Sinn des Lebens ist es, ihn zu suchen.

Das unterscheidet uns vom Tier: Wir wollen nicht nur das Sein, sondern auch einen Sinn dahinter. Das gibt uns Menschlichkeit und Ehrgeiz und Wärme. Ob wir den Sinn in der Sinnlichkeit, der Ekstase, dem Verzicht, der Aufopferung, dem Engagement oder der Spiritualität finden, muss jede*r von uns selbst herausfinden. Aber er oder sie muss es tun. Immer wieder neu. Sonst taumeln wir durch ein sinnloses Sein ohne Licht und Kraft.

Da wir zu einem guten Teil unseres Lebens Konsument*innen, Käufer*innen und Mitarbeiter*innen sind, ist es ein schwerwiegender Grund für Optimismus in dieser Welt, dass mehr und mehr Menschen sich die Sinnfrage auch stellen, wenn sie vor dem Regal im Laden stehen oder sich für ein Unternehmen als zukünftige berufliche Heimat entscheiden. Sie wollen wissen, wozu ein Produkt wirklich gut ist, welche Schäden seine Herstellung angerichtet hat und was mit ihm geschieht, wenn es mal nicht mehr gebraucht wird. Und es interessiert sie vielleicht noch mehr als die Höhe des Gehaltes, wie nachhaltig eine Firma arbeitet, wie sie mit Menschen umgeht und welches Wertesystem sie lebt. Die Sinnfrage ist in der Wirtschaft angekommen. Jedes ernst zu nehmende Unternehmen will gut sein im doppelten Sinne des Wortes. Will nicht nur Profit machen, sondern einen Purpose haben.

So viel Nachdenken über den Impact von Wirtschaft und den Footprint unseres Handelns und Entscheidens als Kaufende wie auch Gestaltende wäre vor zwei Generationen undenkbar gewesen. Das gibt Hoffnung für unseren schönen blauen Planeten. Grund für ein wenig Optimismus eben …

Sonne im Herzen

Die Sonne geht nie unter! Nur wir auf unserer kleinen Erde drehen uns weg von ihr und wieder zu ihr hin. Was für ein schönes Gefühl, was für eine Grundlage für Optimismus! Denn ohne Sonne gibt es kein Leben, und mit nur einem Prozent der Sonnenenergie könnte man die meisten Energieprobleme der Welt lösen. Doch Sonne brauchen wir nicht nur im physischen Sinne zum Überleben. Auch seelisch geht es für Optimist*innen nicht ohne Sonne im Herzen.

Haben Sie schon mal darüber nachgedacht, dass Rosa und Rot am Himmel nur in den Momenten des Sonnenauf- und -untergangs erscheinen? Rot als die Farbe der Liebe und Rosa als die, welche die Brillen einfärbt von jenen, welche die Welt oder ihre*n Liebespartner*in angeblich zu positiv sehen.

Spielen

Natürlich nimmt man lieber das Pech im Spiel, wenn dafür das Glück in der Liebe winkt. Aber vielleicht geht ja auch beides. Faites votre jeu! Machen Sie Ihr Spiel – in der ganzen Mannigfaltigkeit von Bedeutungen, die dieses Wort in sich trägt. Ob Squash oder Schach, Skat oder Skirennen – auf der Ebene der geregelten Spiele und Sportarten allein schon wartet die Welt auf Optimist*innen, die sich etwas zutrauen. Solange wir leben, spielen wir, und der Satz »Das Spiel ist aus« lässt an einen kleinen Tod denken.

Aber das Wort »Spielen« meint so viel mehr. Die Muskeln

müssen spielen, um im Sport Erfolg zu haben, aber mindestens genauso wichtig sind das Spiel der Mundwinkel oder auch das Spiel der Wellen draußen im Ozean. Spielen meint immer auch, dass nicht alles so verkniffen im Sinne von Erfolg oder Misserfolg gesehen werden muss. Dass nicht immer die Brechstange gebraucht wird. Dass vieles ohne Zweck, zum reinen Vergnügen geschehen kann. Dass eine spielerische Herangehensweise oft besser ist als eine verbissene. Das spiegelt sich wider in dem wunderbaren Ausdruck »etwas wie im Spiel schaffen«. Mühelos, souverän, locker. Mit dieser Einstellung lebt es sich entschieden besser, und Optimist*innen brauchen sie. Wer die Fähigkeit zum Spielen nicht verliert, ist eindeutig besser gerüstet für das Spiel des Lebens. Bleibt die Zeit nicht stehen, wenn zwei junge Hunde spielerisch auf einer Wiese herumtollen? Und gibt es etwas Schöneres als ein Kind, das vollkommen in sein Spiel mit Bauklötzchen oder einer Puppe vertieft ist?

Spontaneität

Wir leben in Zeiten perfekter Organisation, ständiger Erreichbarkeit und penibler Planung. Der Erfolgreiche hat all seine Termine in Outlook und Smartphone; auch Urlaube werden genauestens geplant (und ihre Absage durch Reiserücktrittsversicherungen abgesichert). Das verleiht Sicherheit, ermöglicht Voraussehbarkeit und erleichtert so das Zusammenleben.

Nur kann es nicht alles sein. Das Leben ist zu kurz, um voll durchgeplant zu werden. Wie der Sekt die Perlen oder das Bier den Schaum braucht es Unvorhersehbares, Plötzliches, Überraschendes. Der spontane Kuss auf die Wange der Großmutter, der ungeplante Besuch bei der kranken Nachbarin oder die plötzliche Erklärung: »Ich würde dich jederzeit wieder heiraten.« – All das brauchen Optimist*innen genauso wie solide Planung. Welches Essen ist das schönere? Das perfekt geplante Festessen mit vier Gläsern und drei Bestecken an jedem Platz oder das unvorbereitete Kochen mit Resten aus dem Kühlschrank, wenn überraschend Freunde vorbeikommen? Mal so, mal so …

T

Tierliebe

Tierliebe im Wörterbuch für Optimist*innen – wie hat sie sich denn hierhin verirrt? Zwei Begründungen:

Für Abermillionen von alleinstehenden Menschen ist ihre Katze oder ihr Hund wichtiger lebendiger Bezugspunkt, über den man sich freuen und ärgern kann und der einen zum Verlassen der Wohnung und vielem anderen motiviert. Solche Tiere halten auch in schwierigen Zeiten Optimismus am Leben (und jeder, der einmal eine Katze oder einen Hund verloren hat, weiß, wie essenziell der Schmerz ist).

Der zweite Zusammenhang: Tierliebe drückt auf rätselhafte Weise eine optimistische Grundhaltung aus, ein Bejahen der Welt, wie sie sich in all ihrer Lebendigkeit und Vielfalt darstellt. Wer mag schon Menschen um sich haben, die von sich behaupten, Tiere zu hassen?

Toleranz

Eines der schönsten Geschenke des Lebens ist doch wohl seine Vielfalt. Wir Menschen können uns glücklich schätzen, dass es unter uns so ein wunderbares Chaos gibt von Aussehen, Meinungen, Hautfarben, Einstellungen, Sprachen, Philosophien, Größen, Herangehensweisen, Religionen, Begabungen, Ausdrucksweisen, Kleidungen, Kopfbedeckungen, Frisuren, Moderichtungen, Hobbys, Leidenschaften, Schlafrhythmen, Essensvorlieben und, und, und. Was für eine Borniertheit, diese Vielfalt nicht leise lächelnd und lebenslang fasziniert zu betrachten, sondern seine eigene Art absolut zu setzen und die der anderen nicht gelten zu lassen. Optimismus sieht anders aus.

Träumen

Martin Luther King hatte einen Traum – und veränderte die Lebenssituation von Millionen Afroamerikaner*innen. Gandhi hatte einen – und legte damit die Grundlage für die größte Demokratie der Welt. Gorbatschow leitete mit seinem von der Perestroika das Ende des Kalten Krieges ein.

Träume können Lotsen in eine bessere Welt sein. Sie zeichnen vor, wie unser Leben gerechter, stabiler und besser sein könnte, und liefern die Begeisterung und Energie, die es braucht, um sich auf den Weg dorthin zu machen. Ohne Träume wuseln wir wie die Ameisen vor uns hin, unseren inneren Gesetzen folgend und unseren Alltag bewältigend. Mit ihnen im Herzen finden wir den Mut, herauszutreten und uns in unerhörten Szenarien des

Andersseins zu bewegen. Nur wer eine innere Vorstellung davon hat, wie es denn besser sein könnte, kann Menschen dafür begeistern, sich am Bau des Neuen zu beteiligen.

Dabei geht es nicht nur um Weltpolitik. Auch hinter dem elektrischen Licht und dem Telefon, dem Röntgenapparat und dem Smartphone stehen große und mutige Individuen, die einen Traum verwirklichen wollten und unser Leben damit besser machten. Bill Gates träumte früh von einem PC auf jedem Schreibtisch der Welt und Henry Ford vom Auto, das sich jeder leisten könne.

Träume sind Futter und Ziel für Optimist*innen; sie geben ihnen Richtung und Maßstab. Denn zu optimistisch wäre es anzunehmen, dass die Welt von selbst eine gute sei; es braucht unsere Arbeit, um sie dazu zu machen, und sinnvoller Optimismus bedeutet, daran zu glauben, dass das möglich ist. Dass sich die Mühe lohnt, für die Verwirklichung unserer Träume zu kämpfen. Dass wir uns zwar manchmal langsam und mäandernd, aber langfristig doch in die richtige Richtung bewegen und dies mit allen Kräften unterstützen sollten.

Träume sind oft Gegenwelten, aus Mangel und Not geboren. Sie zeigen die Dialektik der Optimist*innen: Es braucht durchaus die Krise, um Hoffnung zu entwickeln für ihre Bewältigung.

Und Träume sind häufig ganz klein und zerbrechlich. Vielleicht geht es nur um eine persönliche Versöhnung, um einen unkonventionellen Wunsch, um eine zärtliche Annäherung. Jeder unserer Träume ist wichtig, ist Teil des Menschseins und ernst zu nehmen. Wer nicht mehr träumt, stirbt.

Deshalb sollten wir den Mut zum Träumen und Wünschen nicht verlieren. Die Sternschnuppen helfen uns dabei: Sie mögen nur so klein wie eine Fingerkuppe sein, ihre Wirkung indes ist groß. Denn – das wird zumindest oft behauptet – was wir uns im Moment ihres Aufscheinens wünschen, geht in Erfüllung. Und täglich fallen über fünf Milliarden Sternschnuppen auf unsere Erde …

Trotzdem glücklich

Glück existiert auf dieser Welt leider oft nur in der Kategorie des Trotzdems. Menschen verhungern und verdursten, Epidemien raffen Hunderttausende dahin, Naturkatastrophen verwüsten ganze Länder und lassen Millionen ohne Dach über dem Kopf zurück. Kindern werden Füße und Hände durch Landminen abgerissen, Mädchen werden zur Prostitution gezwungen, Jungs werden verstümmelt, damit sie als Bettler mehr Almosen bekommen. Dazu kommen all die persönlichen Katastrophen – vom Verlust eines Kindes bis zum gebrochenen Halswirbel durch einen Sprung in zu flaches Wasser. Allein in Deutschland hören mehr als fünf Eltern pro Tag von einem Arzt die Diagnose: »Ihr Kind hat Krebs.« Und dann all die wirtschaftlichen Nackenschläge und Schieflagen vom Verlust des Arbeitsplatzes über die Privatinsolvenz bis zum Konkurs der mit so viel Herzblut aufgebauten Firma …

Gesundheit, Zufriedenheit und Stabilität sind im Leben stets gefährdet. Und trotzdem schaffen es die Menschen, dem Schicksal Inseln des Glückes abzuringen. Aber eben »trotzdem«. Und die Geschichten dahinter sind es, die uns rühren und Beispiel geben. Der Mensch ist – wenn er denn will – Weltmeister im »Trotzdem«.

Unsere ganze Erziehung ist geprägt davon: Mach dir keine

Sorgen, sei nicht wehleidig, das geht schon wieder vorbei, ein Indianer kennt keinen Schmerz, Heile, heile, Segen, morgen gibt es Regen, übermorgen Sonnenschein ... Über Jahre hinweg senden Eltern solche Botschaften, weil sie selbst damit gut fuhren und unsere Spezies wohl nur so überleben kann. Und in vergangenen Epochen ging es wesentlich härter zur Sache: Stell dich nicht so an, beiß die Zähne zusammen, jetzt übertreib mal nicht, was einen nicht umbringt, macht einen stärker – so rief man den Heranwachsenden lange zu.

Das ist zu Recht die Botschaft der Erziehung: »Du wirst das schon schaffen, das geht schon wieder vorbei.« Sie schenkt uns in unterschiedlicher Ausprägung eine großartige Fähigkeit, mit Krisen umzugehen. Jeder von uns erlebt kleine und große – und würden wir jedes Mal die Flinte ins Korn werfen, wären wir nicht lebensfähig. Deshalb sind ausschließlich gute Nachrichten wohl auch so langweilig. Nur Glück gibt es nicht – und wir würden es wohl auch nicht wollen.

Fast jede*r, der oder die Schreckliches im Alltag überwand, erzählt, dass er oder sie jetzt bewusster, dankbarer, achtsamer und glücklicher lebe als vorher.

Einstein sagte kurz und bündig: »Es gibt viele Wege zum Glück. Einer davon ist aufhören zu jammern.« Was auch hilft: Sich schöne Momente innerlich in Weckgläser zu füllen, die man jederzeit öffnen kann, wenn es einem dreckig geht. Und die schrecklichen Erlebnisse, durch die man musste, in innere Abstellkammern zu räumen, in die man zwar ab und zu hineinmuss, deren Tür man danach aber auch schließen kann. Und natürlich die Relativierung des eigenen Leides durch den Vergleich mit schlimmerem. Krankenhausserien und Horrorfilme leben davon.

Wer uns die Richtung weist, sind Menschen, die sich das

Glück trotz widriger Umstände erkämpfen, die trotz aller Traumata »Ja« zum Leben sagen.

Im Jetzt-erst-recht erlebt der Optimismus seine Erfüllung. Viele Rollstuhlfahrer*innen sind glücklicher als Menschen, die laufen können, ohne darüber nachdenken zu müssen ...

Die Paralympics feiern alle vier Jahre auf ganz besondere Weise das Trotzdem. Es macht sprachlos, wie Gelähmte und Einbeinige Volleyball spielen, wie Schwimmer mit einem Bein ins Publikum winken oder Rollstuhlfahrer Rugby spielen. Von Paralympics-Brustschwimmerin Kirsten Bruhn kommt der unfasslich weise Gedanke, es sei schon paradox, dass der schlimmste Moment ihres Lebens (ein Motorradunfall mit 21, der sie in den Rollstuhl zwang) in gewisser Weise die Grundlage sei für den schönsten – das Erringen der ersten Goldmedaille. Schöner kann man das Ineinander von Tragik und Triumph, von Elend und Glück nicht ausdrücken.

Unabhängigkeit

Niemand hat es je für die gesamte Menschheit untersucht, aber manche Lebenserfahrung lässt ahnen, dass die Mehrheit der Menschen pessimistisch eingestellt ist. Allein schon deshalb braucht Optimismus eine gewisse Unabhängigkeit des Fühlens und Denkens. Wer sich immer von den Meinungen und Urteilen anderer abhängig macht, mag ein guter Lemming werden. Aufrechter Gang und eigenständiges Urteilsvermögen buchstabieren sich anders. »Versuch nicht, wie die anderen zu werden. Davon gibt es schon genug«, sagt Eckart von Hirschhausen.

Unbeschwertheit

Richard Branson bietet Flüge ins Weltall für alle, die es sich leisten können. Es gibt anscheinend so manche*n, der oder die einen sechsstelligen Dollarbetrag dafür bezahlt, vier Minuten lang schwerelos zu sein. Freuen wir uns, dass wir auch ohne solchen Aufwand mit sicherem Boden unter den Füßen dieses Gefühl ab und zu genießen können. Einfach mal alles von sich fallen lassen, einfach mal wie ein Kind unbeschwert sein von all den Sorgen um die Welt und ihre Zukunft – das hilft, sich in all den Momenten zu bewähren, wo es uns wirklich schwer gemacht wird.

Urvertrauen

Was für ein schönes Wort: Vertrauen. »Unbegrenztes«, »unerschütterliches«, »blindes« Vertrauen listet der DUDEN auf. Vertrauen genießen, besitzen; jemandes Vertrauen gewinnen; einen vertrauenerweckenden Eindruck machen; jemandem Vertrauen schenken, entgegenbringen, beweisen; Sie haben mein Vertrauen; sie ist eine Frau seines Vertrauens; Vertrauen auf Gott; Wir danken Ihnen für das in uns gesetzte Vertrauen; jemandem etwas im Vertrauen sagen – das sind Ausdrücke, die im weiteren Umfeld des Wortes schönste Gefühle auslösen. Vertrauen und Optimismus sind Geschwister. Keines kann ohne das andere sein. Die Rede war schon vom Vertrauen in sich selbst (→ Selbstvertrauen). Hier geht es jetzt um das Vertrauen in andere, in die Welt, in das Schicksal. Wie so vieles wird es ganz, ganz früh im eigenen Leben angelegt oder eben nicht. Die meisten Theorien besagen, dass Urvertrauen aus der einzigartigen Mutter-Kind-Beziehung im Säuglingsalter hervorgeht. Mögen die Väter im Laufe der Entwicklung auch eine wichtige Rolle spielen, der Verdienstorden am langen Band für Optimismus geht an die Mütter!

Veränderung

Eines der schönsten Gefühle von Optimist*innen: die Veränderung umarmen! Nicht vor ihr weglaufen, keine Angst vor ihr haben, sie nicht wegstoßen. Sondern sie umarmen.

Denn sie ist immer da, im Kleinen wie im Großen. Alles fließt. Klammere ich mich zu sehr an das Bekannte und Gewohnte, verliere ich Souveränität und Entspanntheit und werde irgendwann weggespült.

Sechste Klasse in der Schule, Erdkunde: Aus der reinen Quelle wird der Bach, aus dem Bach ein See, aus dem See ein Fluss, und der ergießt sich ins Meer. Das verdunstet und wird zu Wolken. Die regnen sich irgendwann wieder aus und …

Das ist der Kreislauf des Lebens, und wir sind viel stärker Teil desselben, als wir anzunehmen geneigt sind. Lernen wir, jede seiner Phasen zu genießen und das Beste aus ihr herauszuholen, um mit den jeweiligen Herausforderungen gut umgehen zu können!

Freuen wir uns auf die Einschulung, aber auf andere Weise ebenso sehr auf das Ende der Schule. Genießen wir Freiheit und Ungebundenheit und ein wenig später vielleicht genauso, Kinder zu bekommen und Verantwortung für sie zu übernehmen. Wenn sie dann ins Leben gehen, haben wir die Wahl, deprimiert im leeren Kinderzimmer zu stehen oder mit Leidenschaft all das zu unternehmen, wovon wir so träumen. Naht das Ende des Berufslebens, gibt es wieder Optionen: Wir können verzweifeln ob der Leere und der durchs Altern bedingten Einschränkungen oder die Entschleunigung und das Nichts-mehr-beweisen-müssen gelassen genießen.

Das zieht sich durchs ganze Leben wie das Wasser durch die Welt. Ist der Wassertropfen, könnte er empfinden, lieber Bach oder Meer, Regen oder Fluss?

Angesichts jeder Veränderung im Leben ist es unsere Entscheidung, ob wir uns mit dem Handballen an den Kopf schlagen und wahrnehmen, dass sich mit jeder zugehenden Tür mindestens eine öffnet. Ob wir merken, dass die Ent-Täuschung uns eine Täuschung nimmt und Raum gibt für neue Wahrheit. Ob wir krampfhaft festhalten, was ohnehin nicht mehr zu halten ist, oder uns mit so viel Spaß neu erfinden, wie wir ihn empfinden, wenn wir ein neues Lieblingsgericht entdecken oder uns neu einkleiden. Ob wir offen sind für die Reize und Geheimnisse neuer Menschen in unserem Leben oder nur den gegangenen nachtrauern.

Und allgemeiner gedacht: Das Leben war früher nicht besser! Es verändert sich nur ebenfalls. Unsere Eltern haben sich über laute Rockpartys und Hasch geärgert, wir reiben uns die Augen angesichts der Allgegenwart von Smartphones, Instagram und TikTok.

Medien verkaufen sich besser mit negativen Nachrichten. Mit Katastrophen, Scheidungen, Unfällen, Morden. Daher ist unser Weltbild geprägt von dem Glauben, dass alles abwärts ginge. Der wunderbare und leider verstorbene Professor Hans Rosling zeigt in seinem Buch »Factfulness« gemeinsam mit seinen Co-Autorinnen auf das Beeindruckendste, dass die Welt insgesamt besser wird, gleichgültig ob es um Bildung, Kindersterblichkeit, Gesundheit, Hunger, Demokratie, Todesstrafe oder Gleichberechtigung geht. Nur haben wir noch nie die Schlagzeile gelesen: »Gestern wieder 135 000 Menschen aus extremer Armut befreit«. Wir verlieren angesichts zahlloser kleiner Fehlschläge und Skandale die großen und positiven Veränderungen auf unserem Globus aus dem Auge. Wir schlittern in eine dramatisierende Weltsicht – und gefährden dadurch unsere Energie, selbst zu den positiven Veränderungen beizutragen. Denn Geschichte geschieht nicht einfach, sie wird gemacht von uns allen. Denken wir nur an den Mauerfall, an Barack Obama und Kamala Harris oder an #metoo!

Verliebtheit

Würde man zum Mond fliegen und dürfte nur maximal 100 Kilogramm Gepäck mitnehmen, was würde man wählen? Verliebte würden nicht zögern.

Verliebtheit ist ein Geschenk des Himmels, das uns allen Schmerz und alle Mühe unseres Lebens vergessen lässt. Es ist der goldene Rahmen um unsere Existenz.

Wenn man Gott wäre und das Idealbild eines Menschen erschaffen wollte, würde man sein geliebtes Gegenüber formen. Leben ohne den Partner oder die Partnerin ist unvorstellbar. Man möchte sich auf Händen tragen, sonnen- und liebestrunken. Man hat nur einen Wunsch: einander nahe zu sein. Und fragt sich immer wieder, ob man vor Freude und Sehnsucht sterben kann.

Manchmal ist einem ganz schlecht vor Liebe. Die geliebte Person ist die Luft, die man zum Atmen braucht, sie ist Stern, Herz und andere Hälfte. Sie ist ein und alles. Jede Faser des Seins will zu ihr, Sehnsucht wird zur zweiten Existenz.

Man will zusammen sein – für Stunden, Tage, Nächte, immer. Man erlebt Gefühl und Begehren in ihren Urformen, ohne Kompromiss und Fragezeichen. Die Gedanken schlagen Purzelbäume, und die Emotionen gehen mit einem durch.

Man lässt rosa Marshmallows auf Betten regnen, legt Gartenhecken in Herzform an und wirft Uhren mit der Begründung über Bord, Zeit zähle nicht mehr. Leben ohne einander erscheint nicht mehr lohnend, leer, reizlos und öde. Und auf Wunschzetteln wird immer nur eines stehen: du, du, du für ewig.

Wer sich nie verliebt, ist umsonst auf dieser Welt. Wir Menschenkinder finden unsere Bestimmung in der Liebe. In ihr singt das Leben eine große Hymne auf sich selbst und buchstabiert sich der wahre Optimismus.

Denn alle Außenstehenden wissen doch, wie sehr Verliebtheit idealisiert, wenn sie den Verliebten das Gefühl gibt, sie seien in jeder Weise füreinander geschaffen. Alles passe scheinbar, wie es nie wieder passen werde – und erst später im Alltag merkt man, dass man sich auf schwankendem Gebälk bewegt und das geliebte Wesen durchaus auch seine Schattenseiten hat. Aber durch die optimistische Verklärung wurde eine Verbindung geschaffen, die im günstigen Falle lebenslang hält, Kinder in die Welt treten lässt und das stabile Glück einer Familie schafft. Die Sonne der Verliebten hat einen Garten entstehen lassen, in dem es sich vortrefflich auch bei schlechterem Wetter zusammenleben lässt. Optimismus als sich selbst erfüllende Prophezeiung …

Fragt sich nur, warum gerade dieser Mensch aus den Milliarden anderer. Dazu gibt es unzählige Theorien aus Psychologie und Soziologie. Hier lieber ein kleines optimistisches Gedankenexperiment:

Nehmen wir an, es gab uns schon vor der Geburt. Wir waren Kätzchen, herumtollend auf einer Riesenwiese. Die meisten bedeuteten einem nichts, waren nur Hintergrund. Mit einigen aber spielte man ausgelassen, war verschmust und entwickelte Vertrautheit. Sie wurden einem wichtig in ihrer Eigenart.

Nur: Der Strom der Kätzchen ging weiter, und man verlor sich. Mit ausgestrecktem Hals versuchte man, seine kleinen Freund*innen wiederzufinden, aber zu spät, man konnte sie nicht mehr ausmachen. Enttäuscht lebte man weiter, ein kleiner Funke war erloschen und ein erster Tod gestorben. Etwas fehlte in der kleinen Seele.

Da plötzlich tat sich ein Loch vor einem auf, ein Strudel erfasste einen und zog durch beängstigendes Dunkel in eine ganz andere Welt. Man war nicht mehr wollig und hatte vier Tatzen, sondern nackt mit je zwei Händchen und Füßen. Wie alle anderen Kätzchen auch war man zum Menschenkind geworden, musste aufwachsen mit Flasche und Rassel, Fahrrad und Ranzen. Man liebte Mami und Papi, Bruder und Schwester. Aber je älter man wurde, desto häufiger spürte man ein kleines schmerzhaftes Ziehen im Herzen, eine vage Sehnsucht nach der spielerischen Nähe mit den Katzenfreund*innen der ersten Tage.

Und was könnte nun Liebe sein? Ein Wiederfinden dieser Wesen, eine Begegnung mit sich selbst und seiner eigenen Geschichte in reinster Form. Wie damals auf der Wiese, so gibt man sich ganz in die Hand des anderen, alles wird eins. Und das Schöne und Optimistische daran: In allen Erdenbürger*innen kann so jemand stecken, jede*r kann Katzenfreund*in von damals gewesen sein. Man muss nur mit offenen Augen und bereitem Herzen durch die Welt gehen. Liebe kann einen in Kalkutta und Kairo, Kapstadt und Köln ereilen. Sie kann einen immer treffen, in jeder Lebensphase. Sie ist mehr im Verliebten als in der Person, die er oder sie liebt. Wer sich ihr hingibt, wird sie finden.

Vorbilder

Vorbilder scheinen out zu sein. Wenn es in den Medien und bei den Jugendlichen überhaupt noch welche gibt, sind es Sportler*innen und Popstars. Bei vielen von ihnen ist die Leistung, ist das Vorbildliche auf einen sehr begrenzten Lebensbereich bezogen und eignet sich daher kaum für eine Verallgemeinerung, andere wiederum erbringen ihre Leistung nur sehr kurz und sind dann eher »Vorbild« im Absturz.

Schade! Denn Vorbilder können Kristallisationspunkte für Optimismus sein. Sie können Hoffnung geben, dass konsequentes Leben mit klaren Werten, aufrechtem Gang und deutlich definierten Zielen möglich ist. Sie können zeigen, dass kurzfristiges Scheitern nicht vom langfristigen Erfolgsweg abbringen muss. Sie bringen Sinn und Bedeutung in unser alltägliches Bemühen.

Ob es nun Nelson Mandela oder der Dalai Lama (→ Ziele), Sophie Scholl oder Mahatma Gandhi ist, hängt von ganz persönlichen Schwerpunktsetzungen ab. Sie alle aber sind in ihrem Verhalten angesichts von Elend und Ungerechtigkeit vorbildlich und geben zu verhaltenem Optimismus Anlass.

Ins Spotlight hier soll ein anderer gestellt werden: John F. Kennedy. Gewählt mit nur 100 000 Stimmen Vorsprung vor seinem Konkurrenten Nixon (49,72 Prozent versus 49,55 Prozent), kam er als jüngster Präsident ins Oval Office. Mit Charme und Energie, Visionskraft und Willen führte er die USA in nur zweidreiviertel Jahren im Amt aus den miefigen 50er-Jahren. Seine Inaugurationsrede schon beinhaltete in Stein gemeißelte Sätze, die heute noch gelten: »Fragt nicht, was euer Land für euch tun kann. Fragt, was ihr für euer Land tun könnt!« In seiner kurzen Amtszeit bis zu seiner Ermordung im November 1963 hatte er die Kubakrise zu bewältigen, tat er viel für Gleichberechtigung und Integration, insbesondere der Afroamerikaner, half er geistig behinderten Menschen, kümmerte er sich effizient um das Gesundheitssystem und um Wohnungen für Bedürftige, war er ein früher Vordenker in Sachen Umwelt und gab er den Berliner*innen kurz nach dem Mauerbau Hoffnung und Solidarität durch das berühmte »Ich bin ein Berliner«. Kann ein Mensch mehr bewegen? Merken wir nicht, was möglich ist in unserem Leben? Dass John F. Kennedy gleichzeitig ein fast krankhaftes Faible für Frauen hatte, sei ihm verziehen. Dass er beim extrem engen Zeit- und Reiseplan eines US-Präsidenten so sehr von Rückenschmerzen gepeinigt wurde, dass er immer einen eigenen Arzt bei sich haben musste, erhöht den Respekt vor einem der einflussreichsten Menschen des 20. Jahrhunderts noch über das Gesagte hinaus. Dass ein Mann in so kurzer Zeit und dazu noch körperlich angeschlagen so viel zugunsten von Millionen bewegen kann, zerkrümelt jeden Grundpessimismus.

Work-Life-Balance

Jetzt passiert es zum dritten Mal (→ Flow, → Just do it!): Ein englischer Ausdruck plustert sich auf zum Stichwort. Natürlich könnte man auch sagen »Balance zwischen Beruf und Privatleben« oder »Balance zwischen Karriere und Familie« – nur nicht ganz so prägnant und mit so viel positiver Energie. Sicher gibt es optimistische Workaholics (gleich noch ein englisches Wort …). Nur auf lange Sicht führt einseitige Karrieresucht oft zu Depressionen, Einsamkeit und zum Burn-out (und gleich noch eines). Natürlich muss das Geld verdient werden und ist beruflicher Ehrgeiz schön und wichtig. Allerdings sollte er nicht zum Alleinherrscher werden, sonst gefährdet er sein eigenes Fundament. Wie auch bei der Ernährung (→ Essen und Trinken) brauchen die meisten Menschen eine ausgewogene Balance (→ Schlaf). Beruflicher Ehrgeiz und Optimismus brauchen Energie – und die kommt nicht von ungefähr. Wir müssen auch abschalten können, sollten ab und zu mal in Urlaub fahren, brauchen Freund*innen (→ Freundschaft), wollen kochen und gemütlich essen, lesen und ins Kino gehen.

Gar nicht zu sprechen von unseren Eltern, Partner*innen und Kindern: Sie brauchen unsere Aufmerksamkeit, Zuwendung,

Zärtlichkeit und Liebe. Optimist*innen geben großzügig davon – und sind ja selbst Kind, Partner*in beziehungsweise Vater oder Mutter und können nicht ohne die Zuneigung der anderen. Das ist der Kitt unserer Gesellschaft (→ Anteilnahme, → Hilfsbereitschaft). Ohne ihn können wir vielleicht überleben, aber nicht wirklich leben.

Xenophilie

Das kommt nun mal nicht aus dem Englischen, sondern ist griechischen Ursprungs. Xenophile sind allem Fremden und allen Fremden gegenüber positiv eingestellt und aufgeschlossen, Xenophobe hingegen stehen dem Fremden und den Fremden negativ und feindlich gegenüber – so definiert es der DUDEN. Im Gegensatz zum nächsten Stichwort (→ Yamoussoukro-Syndrom) musste hier weder ein Begriff entwickelt noch eine Lücke geschlossen werden. Xenophobie und Optimismus passen wahrlich nicht zueinander, weil in der Ablehnung des Andersartigen zumeist Angst und Verdrängung stecken. Optimist*innen lieben die Vielfalt und den Reichtum der Welt und freuen sich an der Andersartigkeit des Fremden (→ Toleranz). Es macht sie glücklich und dankbar, dass die Welt nicht gleichförmig ist und an jeder Ecke Überraschungen warten. Sie sind souverän, gelassen und tolerant genug, um sich am Fremden zu freuen und es nicht zu fürchten. Und wissen, dass man außer in der Heimat überall Ausländer*in ist.

Im Übrigen: Wir würden dem Optimismus in einer globalisierten Welt wirklich den Boden unter den Füßen wegziehen, wäre jede nationale, regionale, ethnische oder religiöse Gruppierung xenophob und dementsprechend allem anders Gearteten gegenüber feindlich eingestellt. Wir haben keine andere Wahl, als mit allen anderen Menschen in Nachbarschaft zu leben, und sollten lieber das Beste daraus machen. Nur wer sich selbst liebt, kann auch andere wirklich lieben.

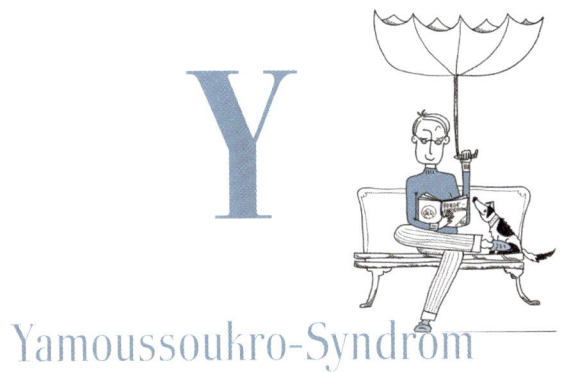

Yamoussoukro-Syndrom

Man könnte auf die Idee kommen, das Yamoussoukro-Syndrom habe nur Eingang gefunden in das Wörterbuch für Optimist*innen, damit es einen Eintrag unter Y gibt. Dem ist so. Ja, noch mehr: Der Ausdruck musste erfunden werden – aber er beschreibt höchst treffend einen wichtigen Aspekt des Optimismus. Inwiefern? Und was ist Yamoussoukro? Es handelt sich um die Hauptstadt der Republik Elfenbeinküste, zwischen Abidjan und Bouaké im zentralen Süden des Landes. Laut Brockhaus ist das prominenteste Gebäude die Basilika Notre-Dame de la Paix, die nach dem Vorbild des Petersdoms in Rom mit einer gewaltigen Kuppel errichtet wurde, 18 000 Menschen Platz bietet und somit die größte Kirche Afrikas ist. Dieses Gebäude steht zwar weiß Gott für Optimismus, ist aber nicht Pate für das Yamoussoukro-Syndrom. Dieses umreißt vielmehr die Tatsache, dass in Statistiken über das Glück der Menschen in Abhängigkeit von ihrer Nationalität das Land, dessen Hauptstadt Yamoussoukro ist, manchmal weiter oben liegt als manches reichere Land. Und auch innerhalb einer Nation führt steigendes Pro-Kopf-Einkommen nicht unbedingt zu mehr Lebenszufriedenheit (vgl. Penn World Tables und World Database of Happiness).

Zu Recht regt sich in jedem sozial sensiblen Menschen ein ungutes Gefühl, wenn Tourist*innen nach der Rückkehr aus Entwicklungsländern erzählen, wie glücklich lachend die eingeborenen Kinder im Dreck spielen. Aber man kann nicht leugnen: Optimismus braucht keine Dollarscheine, und Glück kann genauso in der Sozialwohnung wie im Einfamilienhaus wohnen. Natürlich hilft es, eine gewisse finanzielle Sicherheit zu haben. Natürlich ist es wichtig, genug Geld für eine Wohnung, für Essen und Trinken, für Ausbildung und andere wichtige Bedürfnisse zu haben. Das beruhigt enorm und nimmt Angst vor existenziellen Bedrohungen. Nur – und das wird durch die nationalen Glücksrankings eindrucksvoll belegt – ist Geld oder gar Reichtum kein Garant für Glück und Optimismus. Glück lässt sich nicht kaufen. Das sieht man in den Gesichtern vieler Reicher, die keinen Blick mehr für die Privilegiertheit ihrer Lebenssituation haben. Im schlimmsten Fall werden sie zu Gefangenen ihres Geldes und verlieren den Grundoptimismus, die Unbefangenheit und Spontaneität vieler Menschen, die ohne große finanzielle Polster optimistisch durchs Leben gehen.

Z

Ziele

Wer keine Ziele hat, kann sich nicht darüber freuen, welche zu erreichen. Wer nichts von sich und anderen erwartet, kann nicht glücklich darüber sein, wenn seine Erwartungen übertroffen werden (→ Erwartungshaltung). Wer nichts verändern will in dieser Welt, wird keine Spuren hinterlassen (→ Engagement).

Ziele sind essenziell für Optimismus. Pessimist*innen setzen sich keine oder glauben nicht wirklich an ihre Erreichbarkeit. Optimist*innen setzen sich realistische bis ehrgeizige und lieben es, sie zu erreichen. Die Ziele sind Wegmarken, sie funkeln und strahlen, sie geben ihrem Sein Struktur und Sinn. Optimist*innen können andere begeistern, ihnen dabei zu helfen, und vermitteln auch ihnen die Erfahrung von Sinn und Bedeutung.

Optimist*innen wissen, dass das Glück nicht erst an der Ziellinie wartet. Es liegt auf dem Weg dorthin (→ Jetzt!). Aber sie wissen auch, dass der Weg sinnlos wäre, führte er nirgendwohin.

Der Dalai Lama musste 1959 aus seiner Heimat Tibet fliehen. Von der Exilbasis in Nordindien aus bemüht er sich seitdem um die Unabhängigkeit seines Landes. Dafür hat er keine anderen Waffen als sein Wort und seine Glaubwürdigkeit. Nicht einmal er selbst glaubt noch, dass er sein Ziel ganz erreichen kann. Aber er geht weiter – und ist auf diesem Weg zu einem der wichtigsten und einflussreichsten Denker der Welt geworden.

Ziele haben etwas Magisches. Sie ziehen die Menschen in ihren Bann, weil sie von Glaube und Hoffnung gespeist sind. Hier will jemand wohin, ob nun auf den Mond oder auf den Mount Everest. Hier träumt jemand – und will den Traum real machen. Das schafft Sympathie und Respekt und stimmt das Schicksal oft gnädig.

Den Optimist*innen gehört die Welt. Denn sie kümmern sich um sie, wollen sie zu einer noch besseren machen. Pessimist*innen meinen, das habe keinen Sinn. Jede*r von uns hat die Wahl …

Zivilcourage

Kopf und Kragen zu riskieren, weil man etwas nicht hinnehmen will, obwohl es scheinbar kaum zu ändern ist – das ist Mut. Ohne ihn und den dahinterstehenden Optimismus wären viele Menschen tragisch gestorben; unser aller Leben wäre ungerechter, korrupter und verlogener und die Menschheit ärmer. Fortschritt und Humanität sind nicht denkbar ohne Frauen und Männer, die selbstlos ihr Schicksal und oft auch das ihrer Angehörigen in die Waagschale werfen für einzelne Mitmenschen oder ein großes Ziel.

Aus der Geschichte kennen wir das. Mahatma Gandhi, Martin Luther King oder Claus Graf Schenk von Stauffenberg waren Helden, deren furchtloser Einsatz die Welt veränderte. Aber auch heute, in Zeiten von Teamarbeit und Vollversicherung, gibt es Menschen, die mutig aus dem Alltagstrott heraustreten und

Geschichte machen. Manchen scheint es in die Wiege gelegt zu sein, bei anderen geschieht es eher spontan und ohne jede Vorbereitung. Aber alle verbindet ein großes Stück Optimismus, etwas verändern zu können mit Courage. Und zu Optimismus gibt Anlass, dass es solche Menschen gibt auf unserer Welt.

Zusammenhalt

Eine Nachricht in Zeiten von Corona: Ein eher korpulenter Mann, Mitte siebzig, wird mehr oder minder aus seiner Wohnung gezerrt, in der er sich aus Angst vor COVID-19 wegen seiner Vorerkrankungen für Wochen verschanzt hat. Er erzählt von Dosenravioli, Diabetes und Alkohol. Und dann bricht es plötzlich aus ihm heraus – und die Tränen quellen aus seinen kleinen Augen: »Ich hab doch gar niemanden!«

Mann, wie traurig! Keine Freunde, keine Familie. Eltern wahrscheinlich tot, von der Partnerin, wenn es eine gab, getrennt. Mit den Kindern, wenn es welche gab, zerstritten. Allein in dieser Welt. Endstation. Kein Raum mehr für Optimismus.

Wir Menschen brauchen einander. An seine eigene Schulter kann man sich nicht lehnen. Sich selbst küssen geht nur mit einem kalten Spiegel.

Natürlich müssen wir immer wieder für uns sein. Mal Ruhe von allen anderen haben. Aber existenzieller brauchen wir Umarmungen, Trost, Spaß, Unsinn, Hilfe, Rat, Zärtlichkeit, Sex. Sich gegenseitig aufziehen und auch mal streiten, miteinander schweigen, sich inspirieren und herausfordern, nebeneinander einschlafen, füreinander kochen, sich pflegen, sich ablenken, sich beim Anlegen der Kompressionsstrümpfe helfen, in den Arm genom-

men werden und heiße Schokolade ans Bett gebracht bekommen. Oder eine Wärmflasche.

Ohne all das sind wir leere Akkus. Sinnvoll wird Menschsein
erst im Zusammenhalt.

In Zeiten der Krise, wie die unter dem Joch des Coronavirus,
ist das besonders spürbar. Der einzige Trost, den es am Tag nach
dem Erleben des einsamen Mannes in den Nachrichten gab, war,
einer alten Dame, die nach 55 Jahren harmonischer Ehe corona-
bedingt ihren dementen Mann im Heim nicht einmal besuchen
durfte, Nudeln, Butter, Eier und Medikamente zu kaufen und
vor die Tür zu stellen. Optimismus lebt eher in kleinen Momenten als im Gesamtbild.

Zuversicht

Was für ein schönes, ein wenig altmodisches Wort zum Abschluss. Wie aus einer anderen Welt ...

Der DUDEN definiert es so: »Festes Vertrauen auf eine positive Entwicklung in der Zukunft, auf die Erfüllung bestimmter
Wünsche u. Hoffnungen: große Z. erfüllte ihn; seine Z. verlieren; sie strahlt Z. aus; ich teile ihre Z.; voll/voller Z. sein.«

Zuversicht ist die Seele des Optimismus, sein Grund und Boden. Wo immer Sie sie herhaben, behalten Sie sie bitte.

Quellennachweise

Stichwortverzeichnis